国際協力と学校

——アフリカにおけるまなびの現場——

山田肖子

創成社新書
40

はじめに

この本を構想し、執筆する作業は、大学を卒業してから、さまざまな形で途上国の教育、国際協力に関わってきた私の自己確認をし、これから進む方向を見定めるプロセスでもあった。「なぜ国際協力をするのか」、「何のための教育なのか」。国際協力の実務に携わっていた頃、こうした疑問が抑えがたく頭をもたげてきて、私は博士課程に進んだ。それ以来、関われば関わるほど、突き詰めなければならないテーマが自分の前に現れるのを感じながら、研究生活を続けてきた。植民地教育史、政策研究、社会調査と、興味に導かれるままにいろいろとやってみた。一見、つながっていないように見える分野の研究をしているときも、自分のなかでは、本質的には、博士課程に進んだときと同じ「なぜ」、「何のために」という疑問の答えを求めているつもりだった。しかし、1つ1つの研究テーマが専門的で興味深いので、没頭すると、最初はなぜそれに興味をもったのか、自分のなかでどういう一貫性があったのかがわからなくなるときがある。

留学先から日本に戻って大学教員になって今年で6年だ。そろそろ、ばらばらのピースをまとめて、ジグソーパズルを1枚の絵にしたくなってきた。しかし、自分のなかで本質的につながっているという漠然とした思いを、1つの「研究」という形にまとめていくには、どこから手を付ければいいのかわからなかった。そういうとき、職場の先輩で、この創成社新書・国際協力シリーズの編者である西川芳昭教授から、「1冊書きませんか」というお誘いをいただいた。渡りに船と、すぐにお引き受けした。教育開発に実務や研究を通じて関わってきたなかで、自分の考えを述べたいことはたくさんあった。また、これから教育開発を勉強したいという若い人たちに、考えてほしいこともあった。それに、研究者としての自分の今後の方向性を考えるにも、書くという作業は有効な気がした。

気張らずに書けるはずだったのだが、散らかった私の頭のなかを整理するのに、思いのほか時間がかかって難産だった。そうして生まれたこの本は、足りないこともたくさんあるが、時間軸（歴史）、分野横断性をもたせ、教育開発・協力を多面的に考えようという私の基本姿勢がそれなりに読者に伝われば幸いである。この本では、教育開発や教育学、教育社会学の基本的な知識をなるべく平易な表現で書いたつもりだが、だからといって教科書として書いたわけではない。むしろ、「なぜ国際協力をするのか」、「何のための教育なのか」についての自問自答を、公然と書いてしまった代物である。学生諸君は、この本にラインマーカーなど引いて暗記するより、自分はどう思うか考えてほしい。

最後に、本書の原稿を丁寧に読み、細かい字で15ページ近いコメントを下さった早稲田大学名誉教授の鈴木慎一先生に、心からのお礼を述べたい。自分の指導生でもない私に目をかけてくださり、私の知識が及ばないところを補ってくださった。先生が提起してくださった問題はあまりに深遠で、とても本書では答えきれないものが多かったが、これからの研究のよすがとさせていただきたい。また、教育開発、途上国教育研究、その他さまざまな関連分野での研究において、問題意識を共有し、議論してくださった多くの先輩、研究仲間にも感謝の意を表したい。新書の性格から、私が触発された文献をすべて引用することはできなかったことをお許しいただきたい。シリーズ編者の西川芳昭教授、創成社出版部の西田徹さんは、蕎麦屋の出前のように、入稿時期を遅らせる私に忍耐強く付き合ってくださった。この本が、延びきった蕎麦でなく、少しでもお待たせした甲斐のあるものになっていることを願うばかりである。

2009年10月

山田肖子

略号一覧

BEGIN	成長のための基礎教育イニシアチブ (Basic Education for Growth Initiative)
DfID	英国国際開発省 (Department for International Development)
EFA	「万人のための教育」国際開発目標 (Education for All)
GTZ	ドイツ技術協力公社 (Deutsche Gesellschaft fur Technische Zusammenarbeit)
JICA	国際協力機構 (Japan International Cooperation Agency)
MDGs	ミレニアム開発目標 (Millennium Development Goals)
ODA	政府開発援助 (Overseas Development Aid)
PISA	学習到達度調査 (Programme for International Student Assessment)
PRSP	貧困削減戦略書 (Poverty Reduction Strategic Paper)
TIMSS	国際数学・理科教育調査 (Trends in International Mathematics and Science Study)
TVET	職業技術教育 (Technical and Vocational Education and Training)
UNDP	国連開発計画 (United Nations Development Fund)
UNESCO	国連教育科学文化機関 (United Nations Educational, Scientific and Cultural Organization)
UNICEF	国連児童基金 (United Nations Children's Fund)
UPE	初等教育の普遍化 (Universal Primary Education)
USAID	米国援助庁 (U.S. Agency for International Development)

目次

序　章　教育協力とは何か

　日本において、途上国の教育問題に関心をもつ人は、この10〜15年で飛躍的に増加した。最近は、途上国、特にアフリカなどの社会インフラの整備が遅れている国々で、学校に行きたいのに経済的、社会的な理由で行けない子どもや、そういう子どもを支援する活動を行っている人々や組織について紹介するテレビ番組や文字媒体も増えた。街を歩いていて、学校給食や奨学金といった形で子どもの就学を支援する国際機関やＮＧＯの広告を見ることもある。目から大粒の涙をこぼす子ども、顔いっぱいの笑顔で笑う子ども…。日本で暮らす私たちとはまったく違う厳しい環境のなかで、必死に生きて、なお屈託のない笑顔をカメラに向ける彼らに心を動かされない人は少ないのではないか。

　私が働いている名古屋大学大学院国際開発研究科にも、毎年、途上国の教育の向上に貢献したい、という学生がたくさん応募して来る。日本には、「国際開発」、「国際協力」を専門とする大学院がいくつかあるし、そういう開発専門の大学院・学部でなくても、アジア、アフリカ、ラテンアメリカ等の教育分野の研究・教育を行っている人は増えている。ただし、ある国や地域で教育がどのように行われているかを研究するということと、そこでは教育の質や量が不足しているから「開発」しなければいけない、その社会だけの力では迅速かつ十分に開発できないから、国際社会や先進国の人々が「協力」しなければいけない、という価値観をもつことは、必ずしも両立しない。「教育開発」研究とは、より広義の途上国の教育研究のなかから、ある特定の問題意識に基づいて切り取られた分野であることは指摘しておかなければならないだろう。

この「教育協力」という分野の日本における歴史は意外と浅い。日本は1954年にコロンボ・プランに加盟し、援助国の仲間入りを果たした。1961年には海外経済協力基金（OECF、国際協力銀行を経て、2008年10月より国際協力機構（JICA）と合併）、1962年には海外技術協力事業団（OTCA、国際協力機構の前身）を設立し、無償資金協力、円借款、技術協力を柱とする政府開発援助（ODA）の体制が確立していったが、教育の内容に関わる専門家が必要とされる領域は極めて限られていた。その要因の1つは、敗戦によって、日本の行政・政治担当者のなかに、教育の役割や位置づけについての迷いが生まれ、そのことが日本の教育分野の援助に長く続く、「援助対象国の教育内容の決定に関わらない」という基本姿勢を生んだことであろう。教育、特に公立学校を中心とする国家教育制度のなかで、どのような事柄を教えるかは、社会の価値観に関わる微妙なテーマである。日本では、特に、明治期から第二次世界大戦中にかけて、学校教育の場において、教育勅語の奉読、天皇のご真影拝礼などに象徴される尊皇愛国の精神が称揚され、「修身」といった道徳科目だけでなく、カリキュラム内外のさまざまな活動を通じて独自の道徳教育がなされた。学校で行われた軍事教練も、若者の身体の健全な発育を促すという体育的な目的だけでなく、規律正しさ、一糸乱れぬ団体行動という価値・態度形成に重きを置いており、やがて日本の軍国主義的教育の重要な要素となっていったのである。また、日本は、朝鮮、満州、台湾を中心に、植民地支配したアジアの地域で、徹底した同化教育を行った。それに対し、戦後になって、植民地で母語の違う生徒にも日本語学習と日本の尊皇愛国を強要したとの批判が噴出したのである。また、日本の全体主義、軍国主義体制のなかで、教育が国民統制の重要な役割を果たしたことへの反省もあった。

こうして教育の見直しが行われた一方で、日本のODAは、戦争によって日本から人的、物的被害を受けた国々に対し、敗戦国日本が「生産物と役務の無償提供」という形で賠償するために始まった。「戦後賠償」には、提供する側が、援助の使い道や内容に口出しするという発想は生まれにくく、援助を受ける側が必要だと思う支援を要請し、日本はそれに応えるという、ODAにおける「要請主義」の原則が自然と生まれた。戦後賠償としてのODAは、日本人専門家あるいは日本企業が、日本政府の負担によって（被援助国の負担なしに）、被援助国が望むサービスを提供するという発想であり、援助と企業の営利活動が密接に関わるため、後に日本の援助がヒモ付きだとの批判を受ける原因にもなった。また、要請主義とはいっても、日本企業が、自らの利益になるような要請書を途上国政府が提出するようにロビイングするという状況が生まれたり、日本の援助自体が、戦後、時間が経過するにつれ、受身で要請を待つだけではなく、積極的にニーズ発掘するように変質してもおり、昨今では「要請」は形骸化している。しかし、この要請主義と教育への消極姿勢が、日本の援助体制確立期の方針決定に影響したことは否めない。

長らく、日本のODAでは、教育や文化といった、社会のアイデンティティや価値に関わる分野の支援は、中身に直接触れない、文化活動や教育のための施設（劇場、学校など）建設が中心となっていた。また、専門家を派遣する技術協力は、教育分野のなかでも、比較的文化的価値に触れないと考えられた産業技術に関わる訓練や大学のエンジニアリング教育などに特化していた。こうした技術協力も、農林水産業、工業などの特定技術の専門家が、現場で実演して技術移転をするというタイプのものが中心で、カリキュラムや教員養成といった教育政策やシステム全体の政府の方針に関わる事柄について、いわゆる教育専門家が役割を期待される場面はほとんどなかった。1980年代いっぱい続いたこうした日本の援助環境のなかでは、「教育協力」専門家も「教育協力」研究者も需要がなく、結果としてほとんど養成もされてこなかった。

先に、日本で途上国の教育問題に関心をもつ人がここ10〜15年で増えたと述べた。それは、1990年代に入ってからの日本のODAを取り巻く環境変化、ひいてはODAの方針転換に深く関係している。1980年代、日本は空前の好景気を経験し、経済力では世界のトップになり、それに伴い、1989年にはODA実績世界一位に躍り出た（図表序―1参照）。しかし、金額では世界一になっても、援助の質についてはそれまで以上に批判を受けた。日本のODAは無償援助に対して借款の割合が高く、同時に、資材の調達先や工事事業の受注先を自国（日本）企業に特定する、いわゆる「ひも付き（タイド）」率も高い。これは、援助を日本の輸出振興に利用しているのではないか、という批判である。第1章の日本の援助の項で詳述するが、贈与に比べて借款の割合が高いのは日本の援助の

図表序－1　DAC主要国の政府開発援助実績の推移
（支出純額ベース）

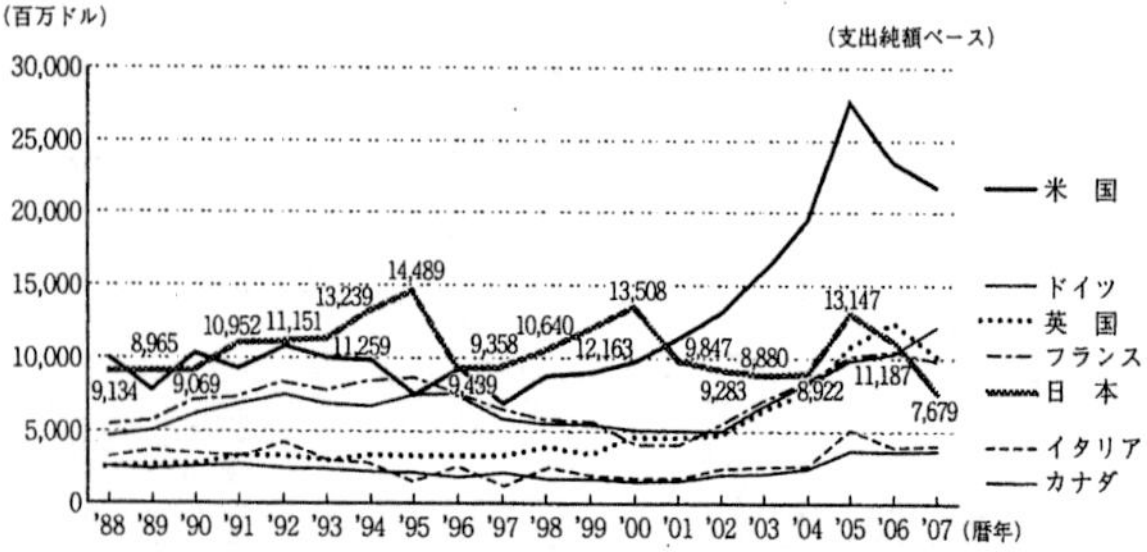

（出典）2009年DACプレスリリース，2007年DAC議長報告

＊1　東欧および卒業国向け援助を除く。
＊2　1990年，1991年および1992年の米国の実績値は，軍事債務救済を除く。
＊3　2007年については，日本以外は暫定値を使用。

出所：外務省「ODA白書2007」，47ページ。

特徴で、2004/5年度を見ても、日本のODAの贈与比率は54・1%（DAC平均89・0%）と、贈与の絶対額は米国に次ぐ2位であるにもかかわらず、比率はDAC諸国のなかで圧倒的に低い（外務省2007年、291ページ）。その半面、タイド率は、1987年時点でも11・3%と、DAC平均の32・3%を下回る水準で（外務省経済協力局　1990年、29ページ）、組織的に、援助で供与した資金が自国企業を通じて日本に還流するようにしている、という批判は必ずしもあてはまらなかった。しかし、経済力で国際的な存在感を増している日本が、途上国の援助の現場で、他の援助国・機関の関係者と情報交換や交流をあまりせずに、何をしているのかわからない、といわれながら独自の路線を続けていくことはもはやできなかった。1990年の『我が国の政府開発援助』のなかで、外務省は「経済大国となった我が国の国際社会における役割」を自認し、88年に竹下総理（当時）が発表した「国際協力構想」（平和のための協力、ODA拡充、国際文化交流の強化の3本柱から成る）の推進を宣言している（5ページ）。このように、経済力に見合った外交的役割を果たし、国際貢献で存在感を示していかなければならない、という認識が広まったとき、日本の援助は、戦後体制から大きく一歩踏み出すことになった。インフラ整備や特定技術の移転から、援助対象国の社会文化的背景や開発ニーズも理解した上で、状況に合った援助プロジェクトの策定・実施に、より積極的に関わる、「顔の見える援助」への方針転換である。援助する側の考えを押し付けないよう、要請への対応に徹しようとした時代から、日本らしい援助とは何かが議論される時代が到来した。同時に、そうした新しい援助方針に沿った人材、教育なら教育の制度全体の発展を視野に入れた政策提言、事業実施を主導できる、途上国の開発問題を専門に学び、途上国で経験を積んだ実務者の養成の必要性がにわかに注目されだしたのである。

私自身は、1991年3月に大学を卒業した。今でこそ、学部でも国際協力や途上国の開発についての授業を受ける機会は増えたが、当時はまだ限られていた。私の卒業した年は、バブル経済の最後のあだ花のように、就職は超売り手市場で、同級生は片手に余るほど内定を取っていた。しかし、天邪鬼の私は、何だか就職活動に気が乗らず、ちゃんと勉強したこともなく、知識も限られていながら、なぜか国際協力でもやってみたいものだと思っていた。当時、新聞や聞き込みの情報では、国際協力・開発を勉強したい人の留学を支援する奨学金制度が出来るらしいとか、日本にもそういうことを専門にする大学院が出来るらしいとかいう話は聞こえてきたが、どうも私の覚束ない進路対策とは上手くタイミングが合わなかった。結局、某民間財団にプログラム・オフィサーとして拾ってもらったのだが、今思えば、私は、日本のODAの大きな転換期に労働市場にデビューしたのであった。

1990年代初頭、日本政府は、欧米先進国の専門家に伍していける、修士・博士号をもった人材を養成するための大学院構想を打ち上げ、構想の実現を目指し、㈶国際開発高等教育機構（FASID）を設置した。FASIDが独立の国際開発大学院になるという案は実現しなかったが、代わりに、複数の国立大学に国際協力・開発専門の大学院の設置が決まった。第一号は、現在私が勤務する名古屋大学国際開発研究科（1991年）、そして神戸大学国際協力研究科（１９９２年）、広島大学国際協力研究科（１９９４年）、埼玉大学政策科学研究科（１９９７年、後に政策研究大学院大学として独立、ＦＡＳＩＤと共同で国際開発大学院プログラムを運営）、横浜国立大学国際社会科学研究科国際開発専攻（１９９９年）が続いた。そのほか、ＦＡＳＩＤ、㈶国際開発センター（ＩＤＣＪ）、ＪＩＣＡ（現・国際協力機構）、アジア経済研究所が、国際開発・協力に関連する分野で、主に欧米の大学院に留学する人々に対する奨学金制度をスタートさせた。そして、これらの大学院や留学支援制度が一応の完成を見た１９９０年代半ば頃には、国際開発・協力の仕事に就こうとする若者が急増したのである。

また、１９９０年代は、教育分野での国際潮流が変化した時期に重なった（第１章で詳述）。１９９０年にタイのジョムティエンで「万人のための教育世界会議（World Conference on Education for All）」が開催され、すべての人には教育を受ける権利がある、との前提に基づき、初等教育を中心とした教育の機会拡大がこの分野の国際協力の中心に置かれた。すでに述べたように、日本は戦後、人々の価値形成に関わるような分野の国際協力は忌避しており、初等教育はその最たるものだった。小学校は、一番多くの人々が通う教育段階であり、知識伝達もさることながら、道徳規範や人格の形成には極めて影響が大きい。しかし、日本が国際協力で指導的役割を果たそうとするなら、万人のための教育（EFA）開発目標の達成に向けた貢献は不可欠と判断されたのであろう。JICAは1990年に『教育援助検討会』、1992年に『教育と開発　分野別援助研究会』を、文部省（当時）は、1996年に『国際協力の在り方懇談会』を発足させ、初等教育を援助の中心とする方針の策定を進めた（斉藤　2009）。そして、1990年代後半からは、小・中学校レベルの教育を対象とした援助案件が増えていった。また、90年代には、国際的な潮流として、援助機関どうしの連携や協議が非常に重視されるようになっており、教育分野でも、専門の大学院教育を受けたような人材が、日本の援助機関を代表してこうした協議の場に参加し、政府や他の援助機関と折衝することもしばしば求められるようになった。

私自身、まさにこうした時代背景のなかから輩出された人材である。私は学部生のときは法学部で、国際経済法のゼミに所属していた。もともと教育学部出身でもない私が、教育開発専門家として育っていったのは、この分野ですでに出来上がった人材が不足していて、活躍の場が与えられたからでもあったし、そうして仕事をするなかで、より高度な知識を身につけようと留学を考えると、奨学金制度が用意されてもいたからである。こういう形で育った「教育開発専門家」に、比較的多く見られる傾向は、もともと学部で教育を専門に勉強したわけではないが、国際協力を志すなかで、教育という分野を選んでいるという点、したがって、まず、途上国の進歩を促進するために関与する、という「開発」の視点から教育の機能、役割を見がちだという点である。私は、もっぱらアフリカの国々で調査を行うが、アフリカの教育開発の議論は、特に援助が基礎教育（初等および前期中等）など特定の分野に集中しがちで、教育の多面的性格への配慮が足りないように思う。私は地域研究という観点から、アフリカにおける学校教育の歴史や、教育と政治の関係、教育と社会の関係などに関心をもっているが、少し視野を広げて教育の役割や機能を考えようとすると、「開発」の枠組みのなかで捉えられている教育の定義は極めて狭いと思うことが多い。「教育開発専門家」の私がいうのも変かもしれないが、教育とは、学校で行われるものだけを指すのではないし、どういう人材が必要か、という判断も、社会によって違うはずである。社会の他の諸々の活動や人間関係を考えずに、ただ闇雲に学校に行けば「開発」になると思うのは単純すぎるのである。

最近は、私が日本で国際協力を志した１９９０年代初頭と比べ、この分野での情報が増えた。したがって、大学院に進学してくる学生も、ＥＦＡや援助の動向など、いろいろなことをすでに知っている。また、私たち教育開発研究者が書いた本なども勉強してきてくれるのはうれしい限りである。日本では、教育開発という分野が新しかったこともあり、基本書とでもいうべきものを、我々研究者も、この数年にかなり出版している（黒田・横関　2005：澤村　2003：小川・西村・北村　2007：米村　2003：江原　2001：内海　2001：千葉　2004など）。しかし、私は自分にも一端の責任があるかもしれないと思うのだが、情報が豊富になった分、悩んだり求めたりする前に、教科書的な答えが与えられ、教育開発の正解はこれで、それに対する理由付けはこう、とパターン化して覚えてしまう傾向があるような気がするのである。今、主流とされている教育開発のモデルは、90年代から流行しているもので、普遍的正義とは限らない。ファッションでも流行にある程度乗るのはおしゃれでいいが、その人らしい魅力が発揮されるのは、必ずしも流行ファッションに身を包んだときとは限らない。TPOや社会通念といったものも服装の判断に影響する。そういうことは、教育開発にもいえる。国の事情や特定の状況によってトレンドがあてはまらないこともある。

私自身、研究の道を志したのは、教育開発の援助プロジェクトの仕事をしていて、「指示書には、このプロジェクトの計画・実施のために必要な情報を集めることしか書かれていないが、誰にも報告を求められない学校周辺の人々の社会関係、言語、生産活動といったことが、本当はこの社会での教育を考えるのにとても重要なのではないか」と思ったのがきっかけだった。プロジェクトは、社会の一部を恣意的に切り取る。しかも、切り取る側面は、その社会自体よりは、援助する側、サービスを提供する側の問題意識や流行に左右されることも多い。今、プロジェクトで要求されない情報が、10年後にはもてはやされる可能性もないわけではない。真の意味で、ある社会の向上を側面支援しようとするなら、まず「開発」自体を客観視すること、「開発」の潮流と一緒に流されずに、その潮流をより大きな歴史的展開や時代背景のなかに位置付けて認識し、その上で、それはそれとして、その社会における教育の意味を総体として理解する努力が必要なのではないか。

このような考え方をするのは、私自身が、見て、感じたことを出発点にしていて、どの学問分野においても生粋の純血種ではないからかもしれない。私は、学部時代は、法学部で国際経済法のゼミに所属していたが、修士号は国際開発学で取った。今は教育開発プログラムの教員で、しかも研究アプローチは法でも経済でもなく、社会学である。博士論文は、学問分野でいえば「歴史社会学」という分類になるが、植民地時代の公文書や新聞、キリスト教布教団体の史料などを読んでイギリス領ゴールドコースト（現在の西アフリカ・ガーナ国）の教育について書いた。こうして、何に属するかわからないような研究経歴を積みながら、私を突き動かしてきたものは、「私が関わっているこの『開発』というものの正体を知りたい」といった思いであったろう。「すべての子どもに就学の機会を与える」という世界の主要国・援助機関が合意した目標が、アフリカの村々に及ぼす急激な変化を見るにつけ、単に「学校に行くことが重要だ」というだけでは説明できない政治的、社会的なダイナミズムを感じたし、近代学校教育の歴史自体が、一部の例外を除いて150年程度のアフリカにおいて、学校に行くということは、もともと存在しなかった新しい学習の形態であり、そのことは、学校が知識や技能を身につける場という機能的な役割以外にさまざまな意味をもっている可能性を示唆する。ほとんどの子どもが学校に行っていなかった村で、10年ぐらいの間にほとんどの子が学校に行く状態になるということは、社会的に何を意味するのだろうか。社会に根ざした学び、人々が必要なことを身につける過程とは何なのか。こうした問いは、「教育開発」という営みそのものを客体化し、そこで行われていることの意味を考えなおすことでもあろう。教育学を知らない「教育開発」はあり得ないと同時に社会学、政治学、経済学についても、大体、社会や政治や経済を分析するには、どういうやり方や視点がありうるのかぐらいは知っておくと、「教育開発」を解剖するのに役立つ。そういうことを考えだすと、学ばなければならないことは無限にあり、私自身、依然、浅学である。そうした私が、自分のなかでも整理しきれていない考えをあえて今回書き記す理由は、書くことで自分の研究の行く先を見据えようという試みであり、また、自分の意見をいえば仲間が増えるかもしれない、という呼びかけでもあり、これからこの分野に入ってこようという若者に、教科書の一歩先を読む洞察力をもってほしいという願いでもある。それぞれの学問分野のご専門の方からは、不勉強のそしりを受けるような内容もあるかもしれないが、ご容赦いただきたい。

本書の構成

上記のような問題意識に基づき、本書では、教育開発の国際的な議論が第二次世界大戦後にどのように進展してきたかを概観するとともに（第1章）、教育とはどのような形態、役割がありうるのか、現在、世界の多くの場所で一般的教育チャンネルとなっている近代学校教育がどのように始まったのかを考える（第2章）。また、学習者や社会にとっての学習の意味が、既存の学問体系のなかでどのように議論されてきたかを、特に教育学や社会学の視点から説明する。このように、広い意味での教育観のなかに教育開発の考え方を位置づけることにより、第3章では、学校が社会、特に途上国社会において有効に機能しているか、まなびとは何かを考える。

なお、本書では、「国際開発」、「教育開発」、「国際協力」、「教育協力」という用語を使っている。「国際開発」の「国際」は、途上国―なんらかの基準に照らして発展が遅れていると判断される国及び地域―を指す。ここで用いられる基準は、マクロ経済指標や社会開発関連の指標などさまざまなものが考えられる。世界銀行が毎年出している世界開発報告書（World Development Report）で用いている国の分類は、1人当たり国民総所得（GNI）に基づいている。GNIが735ドル以下だと低所得国、736―2、935ドルで低中所得国、2、936―9、075ドルで高中所得国、9、076ドル以上で高所得国となる。OECD‐DAC（経済協力開発機構・開発援助委員会）の分類は、同じくGNIに基づいているが、基準額が世界銀行のものと違い、後発途上国（国連開発政策委員会が設定した基準に基づき、国連経済社会理事会の審議を経て国連総会の決議により認定）、低所得国（1人当たりGNIが825ドル以下）、低中所得国（GNIが826―3、255ドル）、高中所得国（GNIが3、256―10、065ドル）、高所得国（10、066ドル以上）となっている。これらの国の分類のなかで、何らかの国際開発援助の対象となる「途上国」は、高所得国以外の国々ということになる。

このように、所得レベルだけで国を分類する方法だけでなく、UNDP（国連開発プログラム）が出している人間開発指標は、保健、教育、所得という3つの側面を総合して国家の人間開発の度合を測定しようとしている。この人間開発指標の算定には、出生時平均余命、成人識字率、初等・中等・高等教育の総就学率、1人当たりGDPの指標が使われている。

また、国の開発のレベルを総体として見る指標だけでなく、農業、産業、保健、教育など、特定セクターの開発状況を示す指標を国や地域間で比較したり、1つの国や地域のなかでの開発の進捗状況を時系列で比較するなどして、より援助の必要な国や地域を特定したり、評価したりすることも多い。保健分野であれば、乳幼児死亡率や妊産婦死亡率、出生時平均余命といった保健関連指標の低い国が援助の対象となろうし、教育分野では、教育段階別の就学率（総就学率および純就学率）、識字率、教師1人当たりの生徒数、留年・退学率などが挙げられよう。

「開発」（development）とは、社会や人にある潜在的な能力や可能性を引き出すために外から働きかけることを意味する。外からの関与を前提とし、特定の発展モデルを念頭に置いて、それに近づくように介入するので、社会自体の能動的、主体的な気づきから生まれる内発的発展とは違うと指摘されることもある（鶴見・川田　1989年、江原　2003年）。そのことの是非は置いておいて、簡単にいうと、「国際開発」は、上に示したような指標のどれかの達成が遅れている途上国・地域において、指標が向上するように、有効と思われる介入をすることであり、「教育開発」は「国際開発」のなかで、特に教育分野に特化した活動だということができる。

ちなみに、途上国を「発展途上国」と呼ぶか「開発途上国」と呼ぶかでも議論が分かれる。これもやはり、「開発」が外部主導な働きかけであるのに対し、「発展」は内発的なプロセスだという考え方で、「発展途上国」という呼び方を好む人々は、途上国自体の主体性をより重視したい立場で、「開発途上国」という用語を使う場合には、社会を一定の方向に進歩させることを意図して行う介入が十分かどうかに重点を置いて考える立場ということができよう。どちらの立場にもそれぞれ理があるのだが、筆者は、そもそも我々が国際開発の分野で、特定の国々を発展ないし開発の段階が低く、理想的な状態に至る途上にあるという定義をしていること自体、検証が必要だと感じている。しかし、開発なり発展途上国という用語に代わる、アフリカ、アジア、ラテンアメリカなどに存在する、国際協力・援助の受け手の国々を、端的に表現し、読者にも認識が共有されるような、認知度の高い、差別的あるいは時代錯誤でない言葉というのを思いつかない。たとえば、後進国という言葉が使われた時代もあったが、「遅れている」状態が定着してしまっているような印象を与えるのでよくない、ということで「途上国」といわれるようになったわけである。また、第三世界という言葉も、第一世界（資本主義陣営）―第二世界（共産主義陣営）という対立軸が成り立たない現在、まったく意味をもたない。だいいち、冷戦時代には、資本主義、共産主義両陣営は、途上国を自らの陣営に引き入れようと陣取り合戦を繰り広げていたのであるから、どちらの陣営にも属さない途上国は数少ない。いずれにせよ、適当な言葉がないので、本書では、便宜上、「開発」または「発展」を外して、「途上国」とだけいうことにする。

「国際協力」という言葉についての認識は必ずしも一致しているわけではない。一般的に、国際協力とは、国際開発に貢献するために先進国政府、NGO、国際機関などが行う途上国への協力を意味するが、そこには、多様な政府・機関の間で、重層的なネットワークが形成される。NGOが行う国際協力と日本政府が行うODA事業は、同じ日本人が実施するとしても、その目的、中身は大きく異なる可能性がある。ODAが、国民が義務として納める税金によって行われ、日本の公共の福祉に資する、国益に供することが必要だという議論が常にある一方で、ＮＧＯは、支持者の寄付や補助金によって実施されており、質の高い事業を行って資金提供者に報告する義務はありつつも、国の外交や省益の調整といった視点は皆無である。どういう組織が、どういう目的のために、どういう人材が中心となって、どういう相手と一緒に行うかで、「国際協力」の実態はかなり異なる。それゆえに、我々が国際協力に関わったり分析する場合にも、バランス感覚と複眼的視点が必要となろう。なお、「国際教育協力」、「教育協力」という言葉は、教育分野での国際協力、と理解して話を進めたい。

援助関連の用語について、後藤一美氏が詳細に解説したものがあるので、下記に一部抜粋する。私自身は、本書でそれほど厳密にこれらの言葉を使い分けるわけではないが、読者の思考の整理には役立つと思われる（後藤　２００５、10―12ページ）。

● 「外国援助」（Foreign Aid）― ある国に対して外国または国際機関からの特定の目的をもった資金技術的支援。ある国とは、途上国のみならず、先進国も含む。

● 「開発援助」（Development assistance, development aid）― 上記の「外国援助」のうち、開発途上地域・諸国の経済社会開発及び福祉の向上を目的として供与されるもの。

- 「開発協力」（Development cooperation）ー上記の「開発援助」に加えて、「その他政府資金」（Other Official Flow：OOF）および「民間資金」（輸出信用・直接投資・証券投資・国際機関融資等を含むPF：Private Flow）の流れを総計したもの。
- 「国際協力」（International Cooperation）ー上記の開発途上地域・諸国を対象とした「開発協力」のみならず、先進諸国・国際機関等の公的機関や民間企業や市民団体・NGOなども含む形で、さまざまな分野において、複数のアクターが、ある共通の目的に関する合意形成を図るために、あるいは合意された共通の目的実現のために、国境を越えて、個と全体の利益を調整しながら、持てる「力」（構想力・交渉力・実行力）をお互いに出し合う政治的プロセス。

なお、次章（第1章）では、第二次世界大戦後の国際教育協力の変遷を概観するが、ここで議論する国際協力の主体は、主に政府開発援助機関および国連や世界銀行といった多国間援助機関である。国際開発の分野で活動するNGOもたくさんあり、それらのなかには国際的に広いネットワークをもっていたり、アドボカシーにおいて強い影響力をもつもの、途上国の現場で数多くのプロジェクトを実施しているものもあり、重要な役割を果たしていることは論を待たないが、本書では、あまり明示的な言及はしていない。

第1章　国際協力における教育：第二次世界大戦後の変遷

はじめに

　本章では、第二次世界大戦以降、国連機関、世界銀行などの開発金融機関、二国間援助機関を中心に構成される国際協力コミュニティにおいて、教育開発の必要性がどのように議論され、それに基づいて実際にどのような援助が行われてきたかを概観する。

　序章で述べたように、「教育開発」とは、基本的に、途上国の経済・社会開発のために役立つような教育を促進することを目的にしている。言い換えれば、1人ひとりの学習者の全人的成長や「学び」よりもまず、社会の構成員である学習者集団にどのような知識や技術を伝達することが、その社会が目標とする将来像に向けた進歩に役立つかが、教育開発の発想の前提にある。教育は、経済や司法、政治などの社会の他の機構とはまったく違う機能をもちつつも、これらの機構と相互に関係し合っている。たとえば、資本主義経済に基づく民主主義国家であれば、教育を通じて、選挙によって間接的に政治参加するメカニズムを理解し、法律を遵守して他人の人権を侵さずに自己実現することを知り、その原則を守らなければ罰せられるという統治構造に従う市民を育てなければならない。また、資本主義経済が円滑に進むためには、学校で市民に、さまざまな分野の技術力や基礎的な学力を身に付けさせ、卒業後に職を得て、競争的経済活動のなかで所得を向上させ、国の経済発展に貢献するようにもっていく必要がある。これらはまさに「開発」のなかで教育が求められる役割である。どういう「開発」を目指すかによって、どういう人材を養成するかも当然異なってくる。「開発」の概念は、決して不変・普遍ではないことをここで確認しておきたい。

第二次世界大戦後から現在まで、国際開発およびそれを推進するための国際協力に関する議論を形成し、推進してきたのは、主に援助に関わる先進国政府および国際機関であった。序章で述べたように、「開発」のための「国際協力」を受ける必要があると考えられているのは、一般に、中所得以下の所得レベルの途上国である。これらの途上国が、自らの国や地域の開発について、さまざまなアイディアや希望があるのは当然である。しかし、こうした途上国側の考えが十分反映されないまま援助が進むということは、残念ながら、しばしば見られる状況である。90年代以降の援助の流れは、「途上国政府の主体的政策形成を重んじ、援助機関はパートナーとして、途上国が主体的に作成した政策を支援する」という方針を取るようになってきているが、このことは、逆にいえば、そのような主体的政策形成をわざわざスローガンにしなければならないほど、援助が外部主導になりがちであることを示している。援助機関の影響力が特に強くなってきたのは、80年代に構造調整計画が導入されてからだと私は考えているが、そうしたことも含めて、本章では、「国際開発」、「国際協力」に関する議論や潮流がどのように変遷してきたか、時代を追って紹介していきたい。国際開発・国際協力の潮流は、個々の途上国の事情よりは、むしろ、それぞれの時代の援助専門家の問題認識や、先進国の置かれた経済環境や外交的配慮に影響されていることも多い。したがって、援助の主流の動きを知ることは、なぜ、どういう経緯で多くの援助が行われてきたかを把握するためには重要であると同時に、国際開発についてのすべての考え方がそこに集約されているわけではない。NGOなどは国際機関や二国間援助機関の援助の問題点を告発し、オルタナティブ（代替的）な開発アプローチ、あるいは外的な介入によらない内発的発展を唱えてきたし、途上国政府のなかには、外部からもちかけられた援助の一部あるいは全部の受け入れを自ら拒否した例も多々ある。途上国が援助を拒絶する理由には、援助内容について合意できない、借款の場合、返済の経済的負担に耐えられない、援助側との政治的対立など、さまざまあるが、「開発」についての考え方の違いが合意形成に至らない根源的理由である場合は少なくない。そこで、本章では、主に援助の主流の議論を概観しつつ、途上国政府や、その他のアクターによって、オルタナティブな考え方がどのように提起され、国際的な議論にインパクトを与えたのか、あるいは与えなかったのかについても適宜、触れていくこととする。

国際開発・国際協力の主流の考え方は、教育分野の開発・協力の議論にも当然、色濃く反映される。したがって、現在の教育開発・教育協力の理論と実践の背景を知るためには、より大きな国際開発・国際協力の分野で何が議論され、実践されているかを知る必要がある。しかし、同時に、教育分野は国際開発・協力のミクロ・ワールドで、すべては全体の動きを反映していると考えるのも単純すぎる。教育分野での国際開発・協力を理念的に主導してきたユネスコは、拠出金の額にかかわらず、メンバー国は理事会において1カ国1票の投票権があるため、途上国政府の見解が強く反映される構造になっている。また、その理念的性格からも、教育を、開発に貢献するための機能に限定して見るのでなく、より広い教育概念を提起する傾向があった。そのことは、教育分野の国際開発・協力に関わるアクター（国際機関、二国間援助機関、NGO、途上国政府など）が、保健分野などに見られるように、特定分野に焦点を絞ったキャンペーンを起こし、資金や技術者を効率的に集中させる、という国際的イニシアチブを発揮するのが遅れた要因かもしれない。そのため、教育開発・協力は、必ずしも国際開発・協力全体の動きに連動しているとはいいかねる部分もかなりある。

また、日本の教育開発・協力への関わり方についても、ODA全体からは独立した歴史をもっている。すでに述べたように、日本は途上国の教育の内容に直接関わるような援助は長い間制限していたが、その反面、敗戦国日本が、戦後最初に加盟した国際機関はユネスコであり（1951年）、外務省中心に行うODAとは別に、文部省にはユネスコ国内委員会が置かれ、ユネスコとの関わりのなかで、国際理解教育や教育開発への関与は、規模は小さいながらも続いていたのである。

日本の教育援助の特徴の1つとしてしばしば挙げられ、アフリカ、アジア、中南米の各地で広く行われている理数科の現職教員研修だが、青年海外協力隊での理数科隊員の派遣や研修・技術移転のための施設建設以外に、技術協力プロジェクトとして行われるようになったのは、90年代に入ってからである。このほかにも、90年代に増加してきた教員養成プログラムや学校運営・計画、政策アドバイザーの派遣といったタイプの援助は、建物の建設を中心に援助して、教育の中身に関わろうとしなかった従来の日本の教育援助が大きく転換したことを示す。こうした変化には、国際的な援助潮流が大きく影響していると同時に、世界一のODA拠出国となった日本が、独自の援助理念と援助アプローチを打ち出そうとする模索の表れでもあった。

これらの背景を踏まえ、本章では、国際開発・協力の全体的な流れを、特に教育分野に関係が深いものについて、理念面と実践面で概観しつつ、日本の教育開発・協力の歴史的展開を振り返ってみることとする。

大きな開発理論の流れ

国際関係に関する諸理論のなかで、発展途上国はどのように認識されてきたのだろうか。本節では、多くの植民地が独立した1950年代後半以降、先進国および発展途上国の研究者によって提起されてきた学説を概観する。これらの理論は、学問として提起された一方、国際開発・国際協力の考え方や実践にも大きな影響を与えた。そこで、次節では、具体的にこれらの理論を背景に、国際開発・国際協力、特に教育分野でのそれについて、国際社会でどのような議論がなされ、援助が実施されたかを論じることとする。

まず、植民地宗主国であったヨーロッパを中心に、第二次大戦後の新興独立国の開発理論として発展したのが、近代化論である。これは、すべての社会は近代化という共通の理想に向かって進化しているという考えがもとにある理論で、途上国の開発は、植民地時代の遺産を排除すること（断絶）ではなく、より円滑な資本主義経済への移行によって達成されるとした（So 1990, 17-37）。この頃の父権的な発想では、遅れて来る子供か弟を手助けするような感覚で、欧米には発展途上国を支援する責任があると考えられた。また、社会は一時的に分散化・不安定化するとしても、いずれはいろいろな側面が相互に有機的に作用しあって、「近代化」という1つの方向に向けて安定的に秩序を保って発展を続ける、という前提に立っていた近代化論では、「伝統社会」が多様なのは、これらの社会が未熟なためで、発展が進むうちに、理想形に近づき、統合されていくと考える（図表1―1）。

近代化論は、欧米先進国において、自分たちのような経済発展や民主的政治制度の発達を見ていない国々を引き上げるための援助を正当づけるために生まれた理論だということができる。植民地の宗主国であった列強は、第二次世界大戦後に、次々に旧植民地に独立

図表１－１　近代化論による国家の発展プロセスの認識

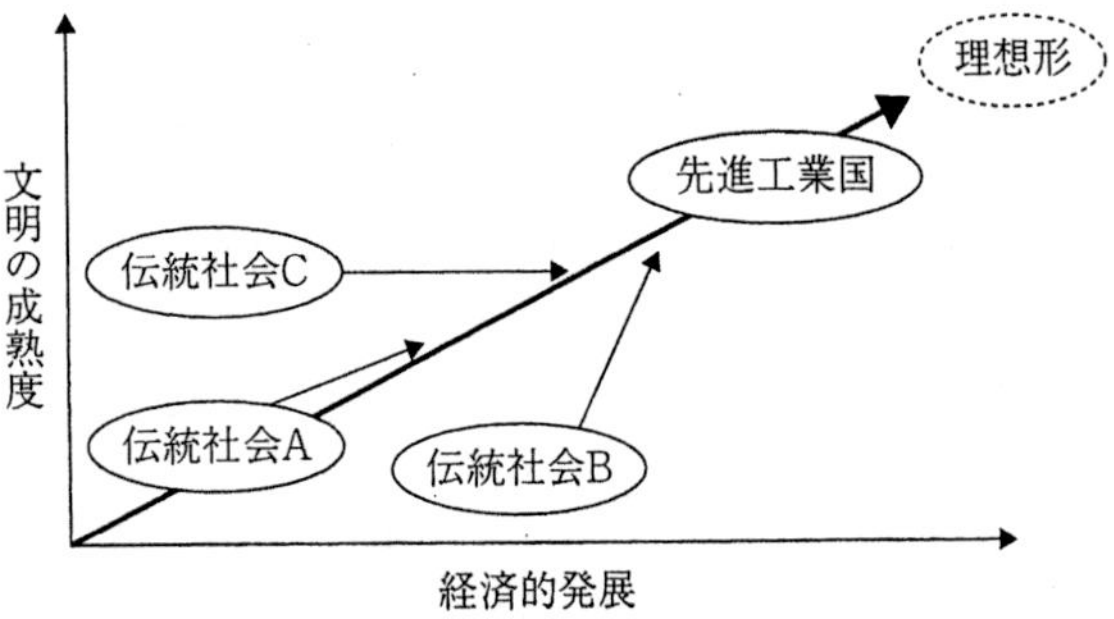

を認めていくことになる。民族自決は時代の大きなうねりであり、欧米諸国は、その流れを止めるよりは、むしろ円滑な移行を支援し、旧宗主国と植民地が独立後も良好な関係を保つことで、植民地時代からの優先的な貿易関係や利権などをもち続けようとしたのである。良好な関係を保つためには、途上国は開発を必要としており、開発の先輩である先進国がそれを援助する必要がある。こうした理論は、戦後の国際開発を思想面から正当付け、多くの開発援助機関の設立や、二国間・多国間援助の開始を後押しした。

このように、近代化論が生まれた背景には、国際社会の当時の時代状況が無視できないが、この理論と同じような発想は現代でも多い。たとえば、ＥＦＡ（万人のための教育）やＭＤＧ（ミレニアム開発目標）などの国際目標が、なぜ正当性のあるものとして国際社会や発展途上国政府によって受け入れられているかといえば、そこには、すべての国にあてはまる普遍的な教育目標というものがあり、その達成に少しでも近づかなければならないという共通認識があるからである。発展段階によっては、初等教育の就学率が低い、教育の質が低い、高等教育が不足している、等の多様な問題があるが、理想形に近づくほど、問題の偏差は少なくなると見られている。そうした発想が実証的に裏付けられるかどうかは、ここで議論するテーマではないが、近代化論は、発生の時系列からいえば古いが、社会の変化とともに修正されつつも現代に受け継がれていることを指摘したい。

さて、先進国の研究者の間で近代化論が議論された一方、1950年代後半にラテンアメリカの経済学者たちによって論じられだしたのが、従属論である。当時、先進国における経済発展が、貧しい国々の成長を阻害するという事実が認識されるようになったが、古典経済学では説明がつかないこうした状況を説明するため、「途上国の経済発展は外的要因に影響される」という従属論が考えられた。その考え方によれば、資本主義経済システムは国際的な労働分化をもたらし、従属国は、第一次産品や安価な労働を提供して、工業製品を買うことによって、さらに従属状態におちいる（カイ　2002）。従属論を展開した人々は、マルクス主義が主張する「資本家」と「労働者」の間の支配構造を国際関係にあてはめ、ラテンアメリカなどの途上国を搾取される「周辺国（periphery）」、ヨーロッパを中心とした先進工業国を「中心国（core）」と考えた。そして、周辺の立場から、現在の国際的関係性を維持していても周辺国の発展はなく、革命的断絶なくして従属状態は絶てないと訴えた。

近代化論では、すべての国は「近代化」に向かって進化しており、発展段階の差があるだけだと考えたのに対し、従属論は、「中心国」の作った経済構造に巻き込まれた「周辺国」は、中心国の進歩に利用されているのであって、同じ方向に進歩しているわけではないと考えたのである。

ただ、従属論は、世界を「中心」と「周辺」の2つのグループに分けて固定化させてしまった。また、「国家」を分析の単位とすることを自明のように考えていたが、グローバル化が進むなかで、国家間の固定的な関係だけを見ていては国際的な力関係の説明がつかなくなってきた。そこで、従属論を発展させ、経済だけでなく政治、経済、文化の有機的システムとしての国際的な中央—周辺関係というところまで広げたのが、ウォーラーステインの世界システム論である（ウォーラーステイン　1974）。これは、構造としての中央—

周辺関係だけでなく、先進国および途上国の組織や個人がその関係性のなかでインターアクションをもつことにより、形成され、再生産される力関係をも含める考え方である。すなわち、国家という枠組みに限定せず、中心も周辺も含めた世界システムを総体として分析するようになったといえる。システムのダイナミクス（運動性）に目を向け、そのなかで、国や地域の立場や力関係は逆転したり変容したりしうると考える。ダイナミクスを重視するため、より長い時間軸のなかでの関係性の分析を行う。世界システム論で想定される関係性は、従属論における固定化された支配―被支配の構造認識よりも相対的で、かつ、目に見える構造だけでなく、文化的要素や多重的インターアクションを視野に入れている。教育開発の研究者の間では、世界システム論を教育政策の国際的移転の実情を分析する枠組みとしているケースが多く見られる。すなわち、非常に強力な国際機関や先進国援助機関によって、ある教育モデルが中央から周辺（途上国）に一斉に移転される結果、まったく違う状況の国々の教育政策が基準化の方向に集約されるという考え方である（たとえばArnove 1980）。

さて、近代化論、従属論、世界システム論などが、国際開発・国際協力を理論的に裏付ける主流の理論として展開されてきた一方、そのようなメインストリームには乗らなかった、あるいは、メインストリームへのアンチテーゼとして生まれたオルタナティブの理論もある。これらは、援助機関の政策や優先分野の決定などに直接影響を及ぼしたわけではないため、後段の援助のアプローチや実践との関わりを具体的に示すことは難しいが、国際開発・国際協力の理論の多様性を示す意味で提示しておきたい。

1950年代から60年代にかけ、植民地の多くが独立したが、その頃、アフリカやアジア、ラテンアメリカの理論家も発展途上国と国際社会の関係について活発に議論していた。抑圧からの解放を目指したこの時期の思想は、欧米文化の拒絶と理想化された土着文化への憧憬に彩られていた。初期のポスト植民地主義を代表するカリブのマルチニック出身のフランツ・ファノンは、『黒い皮膚、白い仮面』のなかで、白人文化を押し付けられて主体性を失ってしまったことを嘆き、自らの文化のプライドを呼び覚まし、回帰することを強く呼びかけた（ファノン　1951）。また、1940年代後半にパリ在住の黒人たちによって、ネグリチュードと呼ばれる黒人文化賞揚運動が起きたり、アメリカの学者デュボイスやガーナの初代首相エンクルマ、タンザニアの初代大統領ニエレレなどが中心となって、南北アメリカ大陸やアフリカにいるすべての「アフリカに起源をもつ人々」を統一していこうという汎アフリカニズムという運動が生まれたりした。タンザニアのニエレレ大統領は、政治思想とともに、その教育思想と実践でも知られている。タンザニアの土着の相互扶助の理念（ウジャマー）に基づく独自の社会主義を基礎とし、ニエレレは解放と自助のための教育を推進した。彼の教育思想は、ブラジルのパウロ・フレイレの解放の教育（第2章で詳述）に近いといわれるが、大統領であるがゆえに、国家規模の教育改革を志し、カリキュラムや教員訓練の内容まで変えるという徹底ぶりであった。彼は、特に成人識字教育の思想で知られ、ユネスコ・成人教育審議会の初代名誉会長にも選ばれている（Mulenga 2001）。

しかし、植民地支配から解放されてしばらく経つと、欧米文化を否定し、その対極として土着文化を礼賛するという、単純な対比に疑問が提起されるようになった。サイードは、その有名な著書『オリエンタリズム』のなかで、「東洋」というのは西洋人によって非西洋社会を指す言葉として作られたものであり、もともと「東洋」というものがあったわけではない。「東洋」という概念によって解放を語っているうちは、他人のめがねで自分を見ていることであって、真の解放にはならないと述べた（サイード　１９７９）。また、『植民者と被植民者』を記したメンミは、植民者―被植民者という二極化は、植民地支配によって作られた仮想の対比であって、実際には、支配者―被支配者が日常的に接し、文化を共有するところで、境界線は曖昧であったと述べた（Memmi 1965）。こうした二極対比や外来の理論的枠組みを使うことに対する問題意識からインドで生まれたのが、被支配者の側から社会認識や歴史を再構築しようというサバルタン研究である（グハ他　１９９８）。このように、これまで目が向けられなかった社会的に抑圧、あるいは無視されてきたグループに着目して社会の諸現象を解釈・分析しなおそうとするのは、フェミニズムや批判的人種理論などを生み出したポストモダニズムという系譜に属する考え方である。

このような考え方は、序章で言及した内発的発展論にもつながる。内発的発展論は、外からもち込まれた開発理念をあてはめるのでなく、内にある開発理念によって社会を内側から開く、という発想である。すべての社会が一本の道を歩むという考え方に対し、道が多数あると考えるところ、外からの価値判断でなく、内にある価値を基礎とする、というところは、ポストモダン的である。

本書を記すにあたり、筆者は、無償・義務教育をベースとする近代公教育制度が、その制度が考案されたヨーロッパから、今では世界の隅々で導入されていることを当然とみなして、途上国のすべての子どもが学校に行くための援助を行うのは、無批判に過ぎるのではないか、という問題意識を提起した。近代公教育制度は、ヨーロッパにおいては、時代背景のなかから発生した、いわゆる「内発的」な制度である。しかし、社会背景から切り離されて移植されるときには、そうした内発性は消失する。私は、すべての外生的モデルが悪いとは思わないし、外からもち込まれるモデルを進んで導入する政府や人々がいる以上、その外生的モデルを導入する「内発的」動機があるに違いないと思う。「内発的」動機は、国際的に想定されている公教育の利点や意義とはまったく違うところにあるかもしれない。私がアフリカでしばしば目にするのは、公教育がきわめて政治的な動機によって広められる状況である（後述）。いずれにしても、内発的に動機づけられていれば、それは当該社会の選択であるが、そうでなく、外から「これがいいやり方だ」と一方的かつ無批判にもち込まれることには懐疑的であるべきだと思う。国際的な議論は、国際社会が「これがいいやり方だ」と合意するために、あるいは合意したことに基づいて行われる。したがって、ポストモダン的、内発的な議論というのは、潮流にはならないのだが、そのことが、そうした視点が軽視されるべき根拠にはならないことを、ここで指摘しておきたい。

教育開発・教育協力のアプローチと実践の変遷

さて、近代化論、従属論、世界システム論といった開発理念が提示されたのと並行して、

1950年代以降、国際社会は、途上国の開発と、それを支援する国際協力の活動を展開してきた。国際開発・協力のアプローチや実践は、時代によって変遷してきているが、それらは、援助機関のイニシアチブ、外交やマクロ経済などの国際的環境、援助する側と援助される側、あるいは援助する側のアクター相互の関わりなどによって影響を受けている。そこで、本節では、前節で紹介した主な開発理念と、援助機関や途上国政府の政策形成の裏付けとして使われた教育開発に関する分析アプローチ、そうした分析に基づいて決定された政策の重点分野などについて、その背景要因も踏まえつつ論じていくこととする。

(1) 1945年~60年代

1949年、米大統領トルーマンは、大統領就任演説で、低開発地域への援助を訴え、世界の注目を集めた。この演説で、第4番目の項目が開発援助に関する内容だったことから、米国の途上国経済開発支援プログラムはポイント・フォー・プログラムと名付けられた。東西対立が高まるなか、米国は途上国の共産化を防ぐという外交上、安全保障上の関心にも押されて、援助額を増加していく。途上国が、経済・産業発展の軌道にのり、自力で発展していくためには、停止状態から運動エネルギーが発生するまでの離陸期に大量の資本（援助）を投入しなければならない、というビッグプッシュ論は、2000年代にジェフリー・サックスという経済学者によって提唱されるが（サックス　2006）、実はそれは初めてではなく、1950年代にもビッグプッシュ論は盛んであった（江原　2001）。

米国が国際協力への強い関心と関与を示した一方で、ヨーロッパ諸国も、戦争で荒廃した自らの国土の復興とともに、独立はもはや時間の問題であった植民地への援助の仕組みと理念を必要としていた。1945年に国際連合が設立され、同年、教育・文化に特化した専門機関としてユネスコも設立された。ユネスコの初代事務局長ジュリアン・ハックスレイはイギリス人で、1920年代以降、英国植民地省（Colonial Office）の教育政策形成などに関わっており、1929年には「熱帯アフリカにおける現地人教育助言委員会（Advisory Committee on Native Education in Tropical Africa）」の業務として東アフリカに調査に出かけている（Yamada 2008）。初期のユネスコには、イギリスを中心に、ヨーロッパの植民地教育の権威が多く関わっている。なお、ユネスコと並んで、1990年にタイ国ジョムティエンで開催されたEFA開発会議に関わったユニセフ、世界銀行も、ユネスコの1年後である1946年に設立されている（もう1つの共催団体であった国連開発計画（UNDP）は1965年設立）。

さて、ユネスコ事務局長のハックスレイは、ユネスコの哲学は、「新しい世界的、科学的、進化論的ヒューマニズム」だと主張したが（千葉　2004、160ページ）、こうした科学技術への信頼と進化論的発展観は、まさに近代化論の特徴である。すなわち、より高度な技術や教育をもつことが、社会の進化の前提だという考え方である。さらに、植民地の独立前後のこの当時は、植民地行政の肩代わりをできるエリート官僚および民間部門の管理職を担う人材の養成が急務と考えられており、中高等教育や、職業技術教育が教育開発・教育協力の重点分野となった。

50～60年代の国際開発の議論の中心は経済発展であり、社会開発などはあまり顧みられなかったが、教育は、経済発展に必要な労働力（人的資本）を形成する手段として注目された。シュルツは、経済成長の決定要因のうち、物的な資本ストックや労働の投入量の増加では説明できない部分は、労働力の教育水準の高さで説明できると述べた（シュルツ　1961、澤田　2005）。こうした人的資本論は、教育を人的資本形成の手段と考え、教育にかかる支出を「投資」とし、教育を受けた後の所得と比較して、費用効率を測定する収益率計算を分析手法とする。それによって、教育年数と経済発展の関係を証明しようとするもので、シュルツ以後、ベッカーをはじめ、多くの経済学者によって教育への投資の意義が議論された（ベッカー　１９７６）。このような経済理論がもとになって、１９６０年代には、教育年数と経済発展を関連付けて考えることが、国際開発・国際協力の分野で一般化した方法となり、中高等教育への援助や国家資金の優先的配分を促したのである（Fagerlind and Saha 1983；Hindson 1992）。

また、人的資本の形成はやみくもに行われるべきでなく、どういう産業分野でどの程度の技術や知識をもった人材が何人ぐらい必要かという人材予測に基づいて、科学的に計画されるべきだというところから、途上国政府によるマンパワー計画の策定もおおいに推進されたのである。

なお、50～60年代の国際開発・協力の議論は、国家の経済開発を基本として進められており、国家のなかにも多様な集団がいたり、貧困層と富裕層の格差があることなどは、あまり組上にのぼらなかった。エリート教育をして、国が経済発展すれば、その効果はいずれ社会のさまざまな階層やグループにも行きわたる（トリクル・ダウン）という前提に立っていたのである（図表1―2参照）。

50～60年代の動きとして、ユネスコが主催する地域会議で議論・策定された、地域別の途上国教育開発計画について指摘しておく必要があろう。１９６０年には、アジアを対象

図表1－2　開発と教育にかかる理念とアプローチの変遷

	1945-1970	1970-1980	1980-1990	1990-	2000年代半ば-
開発理論	近代化論 →	従属論 世界システム論 →	内発的発展論 ポストモダニズム →	人間開発 →	
開発及び国際協力の目的	●経済発展	●ベーシック・ヒューマン・ニーズの充足 ●利益の再分配	●マクロ経済政策の建て直し ●対外債務削減	●持続可能な開発 ●貧困削減	●成長を伴う貧困削減
教育協力の重点分野	●職業技術教育 ●中等教育 ●高等教育	●農村教育 ●ノンフォーマル（特に成人識字）教育	●初等教育 ●高等教育	●基礎教育（初等＋前期中等）（アクセスの拡大） ●女子教育	●基礎教育（質の向上） ●職業技術教育 ●理数科，工学教育 ●高等教育
教育協力を正当づける分析アプローチ，発想	●成　長 ●人的資本 ●マンパワー計画 ●トリクル・ダウン	●再分配 ●農村開発 ●ベーシック・ヒューマン・ニーズ	●構造調整政策 ●新自由主義経済 ●効率性 ●公共サービスのコスト受益者負担 ●教育収益率	●分権化 ●援助協調 ●EFA, MDGs ●基本的人権 ●Pro-poor（貧困者寄りの）アプローチ ●ボトムアップ	●教育と労働市場とのリンク ●EFA, MDGs ●教育の実用性

出所：江原（2001），40ページをもとに筆者作成。

としたカラチ・プラン、翌1961年にはアフリカ地域においてアジスアベバ・プランが策定され、1961年にはサンチャゴ（ラテン・アメリカ）、1966年にはトリポリ（中近東）でも会議が開催された。こうした野心的な地域教育協力の計画は、ユネスコの意欲を示すとともに、多くの途上国において、教育行政・教育計画を地域レベルで議論し、共通の枠組みをもとうという最初の試みでもあった。これら地域計画が、その後の教育協力に果たしたインパクトは大きい。

なお、日本は、すでに述べたように、1955年にアジア・太平洋地域の途上国援助のための国際機関である「コロンボ・プラン」に加盟したが、その5年後に採択されたカラチ・プランは、日本がODAに本格的に関わるきっかけになったのである。

（2）1970年代
1970年代は、戦後の成長志向、ビッグプッシュの援助が挫折した時期である。途上国経済は、1960年には総じて好調で、1965―1970年期において、途上国の平均年間経済成長率は6・0%にまで達した（UNCTAD 2006）。しかし、70年代に入って二度のオイルショックによって世界経済が落ち込むと、途上国の経済成長率も急激に減速し（1975―80：5・1%、1980―85：2・9%）、食糧危機も発生した。また、経済成長のみに焦点を当てた開発は、社会にさまざまなひずみを生みだした。日本でも50年代後半から水俣病、イタイイタイ病、四日市喘息などの公害病が発生して大きな社会問題となったが、途上国においても、急激な都市化に伴う失業、居住環境の悪化、社会的弱者と富裕層の格差の拡大など、数々の開発の弊害が指摘され、従来の開発モデルへの反省が生まれたのである。

この頃、ラテンアメリカの経済学者を中心に、従属論が展開され、先進国は、国際分業という形で、途上国の資源や安い労働力を搾取しており、途上国が発展するためには、既存の国際経済の枠組みを変えなければいけないという議論も高まっていた。1972年にはローマクラブが持続可能な開発を訴える『成長の限界』という報告書を発表し（メドウズ 1972）、国連は、1974年に、途上国の主張を盛り込んだ「新国際経済秩序（New International Economic Order：NIEO）」計画を採択した。NIEOの行動計画には、（1）途上国から輸出される一次産品の交易条件と、先進国から輸入される工業製品との価格を連動させ、途上国の不利益が拡大しないようにする、（2）途上国の債務負担を軽減する、（3）国際通貨金融機関の決定過程に途上国を参加させる、（4）多国籍企業の活動を規制するための国際的行動規範をつくる、といった内容が挙げられた。このように、70年代は、従来の成長・開発観が大幅に見直されるとともに、途上国の声が国際的な議論に強い影響を及ぼした時期でもあったのである。

こうした国際環境を反映し、教育開発・教育協力の議論にも途上国の視点が多く盛り込まれるとともに、富裕層が経済発展を遂げれば、その効果はいずれ社会全体に浸透するというトリクル・ダウンの考え方も見直され、農村での教育や、成人に対する識字教育など、貧困層に直接働きかける開発手法が重視されるようになった。また、内発的発展の理念から、先進国の専門家を途上国に派遣するのではなく、途上国同士が開発分野での協力をする「南南協力」という形の国際協力も行われるようになった。

70年代の国際開発の理念的特徴の1つは、個を無視した開発への反省からくるベーシック・ヒューマン・ニーズ（BHN）への配慮である。BHNとは、「一家族の私的消費のために最低限必要な食糧、住居、衣服、および家計に必要な一定設備・家具」であり、それらを個人が得られるよう、飲料水、衛星、公共輸送、保健、教育などの公共サービスを提供することは国や社会の責任とみなされる。すべての人には、基礎的ニーズが満たされる権利があり、それを保障するために、格差を是正し貧困を削減しなければならない、という考え方は、1990年代以降の議論に類似点が多い。教育開発・協力に関する戦後の議論や実践を概観すると、経済成長路線が進むにつれ、その弊害が指摘されて貧困削減や利益の再分配といった方向に向かい、やがてそれでは経済は成長しないというわけで、また成長路線が復活するというサイクルを繰り返していることがわかる。

70年代は、多くの途上国で成人識字教育が推進された。さきに紹介したタンザニアの初代大統領ニエレレは、成人識字教育を中心として、アフリカの伝統的な相互扶助の価値観と社会主義思想を合成して、独自の教育モデルを展開した。第2章で詳述するが、1960～70年代に多くの途上国で成人識字教育が行われたのは、もちろん、ユネスコをはじめとする国際的なイニシアチブの影響が大きいのだが、今日の国際協力の場面で見られるような、援助機関からの組織的な資金・技術支援に基づいて、多くの途上国で同時多発的に起きる教育改革とは違い、ラテンアメリカとアフリカ、アフリカとアジアといった形で、途上国の間での情報交流や模倣といったことがもっと頻繁に行われていたように思われる。国際開発の議論に、途上国の意見が強く反映された時代であったことも関係しているかもしれない。しかし、特に社会主義体制や独裁政権下での成人識字教育プログラムは、権力者のプロパガンダ伝達の機能が大きかったところも少なくなく、国際的にイメージされたBHN充足のための教育プログラムという分類に、これらがどれほど当てはまるかは疑問の残るところである。我々は、国際協力の歴史を見るに際しても、国連や西側諸国の行った援助を追いがちだが、ソ連や中国といった共産圏の国々やイスラム教国・組織が行った援助、途上国相互の影響をあまり見ていないのは片手落ちであろう。

さて、60年代に隆盛を誇った人的資本論であるが、70年代にはさまざまな批判が起こった。所得の高さと国の生産性の高さは同じことであるかのように扱っているが、そもそもどういう仕事を得られるかは、教育年数以外の要因（階級、人種、性別、家族の社会経済的状況など）に影響されるし（Bowles and Gintis 1975）、労働市場で雇用される人材が教育を受けるプロセスをまったくブラックボックス化して、見ていないから、教育が本当に所得向上に役立っているかわからない、といった問題である。そこで、教育のプロセスにかかる学校や家庭の要因が生徒の成績や卒業後の所得にどのように影響するかを把握しようとして生まれたのが、効果的学校分析である（図表3―1、160ページ参照）。最初に教育結果に影響する要因分析を行ったのは、1966年に米国で、64万5千人の児童を対象とした学力および学習環境を調査したコールマン報告書であるといわれている。その後、この手法は、多くの途上国の教育開発・教育協力の政策形成・評価に影響を与えた。教育の効果に影響する学校や家庭の要因を分析する手法は、アンケートやインタビュー、人類学的手法などさまざまあるが、要因を数値化して行う計量経済学の手法を特に、教育生産関数分析という。1970年代半ば以降、多くの教育経済学者が、途上国で教育生産関数分析を行っている。

（3）１９８０年代

80年代の国際開発・国際協力を最も端的に表す言葉は「構造調整計画」かもしれない。１９８２年にメキシコが債務危機に陥り、世界銀行やＩＭＦ（国際通貨基金）をはじめとする国際援助機関から借りた資金を返せないという「債務不履行宣言」を行った。それをきっかけに、ラテンアメリカ、アフリカ、アジア、東欧など、各地で、途上国の債務危機が明らかになった。途上国に対する資金援助には、返済を伴わない無償援助と、返済しなければならない借款（ローン）があり、借款型の援助を提供する機関の代表格は、世界銀行、ＩＭＦである。世界銀行やＩＭＦが課する利息率は、債務を負っている国の経済レベルに応じて、いくつかの段階がある。後発途上国に対する金利は、中所得国より低く設定されているが、返さなければいけないことには変わりない。途上国は、援助をバネに経済発展を遂げることで債務を返済できるというのがシナリオであるが、１９７０年代の経済停滞は、途上国の返済能力を向上させず、むしろ債務ばかりがかさんでしまった。そこで、世界銀行・ＩＭＦが中心となって、債務超過にある途上国で、マクロ経済パフォーマンスを向上させるための行政改革パッケージとして提案されたのが構造調整計画である。関税や価格統制といった政府による管理を減らして、市場を自由化することで競争を促進しようという政策で、「小さい政府」を実現するために、国営企業を民営化したり、政府の人員削減をするなど、経済、産業部門だけでなく、教育や保健といった社会セクターにおいても市場原理を導入しようとした。この構造調整計画は、日本で小泉首相の時代に行われた行政改革に通じる新自由主義的な経済理念に基づくものである。小泉改革のときも、郵政民営化に象徴されるように、行政のスリム化を図り、さまざまな分野で規制緩和をし、民間企業の参入を促進した。しかし、こうした新自由主義的な改革は、功罪両面あり、効率を追求するあまり、貧困層や老人、社会的弱者など、非効率であっても公的機関がサービスを提供することでベーシック・ヒューマン・ニーズが満たされていた人々が開発から取り残され、社会格差が広がることになる。日本で、ネット難民やワーキングプアなどが取りざたされ、「格差問題」という言葉が頻繁に使われるようになったのと同様な事態は、80年代に構造調整計画を受け入れた途上国でも起きたのである。そのことが、90年代の貧困削減パラダイムを生み出す誘因になっていく。

いずれにせよ、経済の危機にあって、効率化が最優先された80年代には、70年代に謳われた多様な教育ニーズへの対応は鳴りをひそめた。教育セクターにおいても、国家の予算は無限ではないので、最も費用対効率が高い分野に優先的に予算配分する必要があると考えられた。そもそも、教育という事業自体が、政府が丸抱えするような仕事ではないと考えられ、行政改革で縮小の対象となる分野であった。教育は、国のためにばかり行うのではなく、学校に通う本人や家族にとってもメリットがあることである。したがって、個人が得をする部分については国が費用を負担する必要はなく、受益者が一部負担すべきである、という「コストシェアリング」の原則が導入された。

生徒1人当たりの教育にかかる費用というのは、教育段階が上がるほど高くなる。初等教育レベルでは、1人の教師がさまざまな科目を担当するので、科目ごとに担当教師が必要な中等教育に比べて教師1人で教えられる生徒数が多い。また、科目が細分化していたり、複雑な実験・実習器具が要らないので、最もコストが安いのである。それに比べて、中等教育、特に職業技術課程はコストが高い。機材・教材費への投資が高く、科目ごとに専門の教師を配置するため、教師1人当たりの生徒数が初等段階と比べると相対的に少なくなる。また、中等教育の普及度が低い途上国では、中等学校が都市部にあって、生徒は家から毎日通うことはできない場合も多く、寮が付いていることが少なくない。こうした寮制の学校の運営にかかる政府支出は、全日制に比べてかなり高い。たとえば、筆者は、2005年にガーナという西アフリカの国で後期中等教育の費用について調査を行ったのだが、ガーナの2005／6年度の生徒1人当たりの公的経常支出（教員給与、学校補助金を含む）は、初等698、077セディ（約78ドル）、後期中等2、612、625セディ（約290ドル）と、後期中等教育が初等教育の3倍近い（Ministry of Education and Sports 2005, 93）。そして、政府の試算では（学校ごとに授業料にばらつきがある）、後期中等（高等学校）レベルで、授業料と補助金を合わせた費用の合計を通学生と寮生で比較すると、寮生にかかる家計支出と公的支出の合計は、通学生の4・5倍に達する（実際の費用はもっとかかっている）（山田　2007）。

要は、1人の生徒を教育するために政府や親が払っている金額は、教育段階や通学形態、専攻によって異なるわけである。ただ、緊縮財政の政府は、コストが安い教育段階だけやっていればいいというものではない。コストが安い分だけ、投資しても得るものが小さいという場合もあるし、費用は高くても得るものはもっと大きく、差し引き勘定をしたら得になる場合もあるかもしれない。そこで、費用効率が一番高いのはどの教育段階、どの専攻なのかを特定して、そこに集中的に投資すればいいのではないかという考えが生まれた。また、投資に対して得をするのが、社会なのか、個人なのかによって、受益者と政府の費用分担の割合を調整しようという検討もなされた。このような費用効率の分析を教育収益率

図表１－３　地域別，教育段階別教育収益率（%）

地域または経済レベルによる分類	社会的収益率			私的収益率		
	初　等	中　等	高　等	初　等	中　等	高　等
アフリカ	26	17	13	45	26	32
アジア	27	15	13	31	15	18
ラテンアメリカ	26	18	16	32	23	23
中所得国	13	10	8	17	13	13
先進国	N/A	11	9	N/A	12	12

出所：Psacharopoulos (1985)，586ページ。

分析といい（図表３―１、１６０ページ参照）、１９８０年代以降、世界銀行を中心に援助や途上国政府の教育セクター内での予算配分の仕方に大きな影響を及ぼした。

この教育収益率分析で政策に非常に大きな影響を与えたのは、世界銀行の経済学者サカロポラスである。彼は、地域ごとにどの教育段階が最も収益率が高いかを示した（図表１―３）。そして、初等教育は、親や本人にとっても、国や社会にとっても、最も収益率が高く、特に低所得国において初等教育の収益率は高くなることを示した。また、特にアフリカを例にとり、彼は、高等教育の私的収益率の高さも指摘している。総じて収益率は中等レベルでは低いとされた。さらに、そのなかでも職業課程は費用が高い割に得るところが少ないといわれた。

１９７０年代までは、国際機関は中等職業教育への支援をそれなりに重視していたが、１９７０年代後半から

80年代の初めにかけて行われた世銀主導のタンザニアとコロンビアの中等職業教育の収益率の調査では、中等職業教育への投資の意義を疑うような結果が出た。その調査報告によれば、技術科目導入には教養科目よりコストがかかるが、中等職業課程の卒業者は普通課程の卒業者に比べて就業時期も遅く、収入も多くなかった（Psacharopoulos, 1988, 275）。また、平等主義の観点からも、アフリカなど、学校での職業教育の社会的評価が低い地域では、職業課程と普通課程を分離させることは、職業課程に進んだ者に対する社会、経済的不平等を増大させると批判された。

こうした分析を裏付けとして、教育開発・協力のトレンドは、中等教育から初等および高等教育に重点を移していった。同時に、受益者負担の原則により、初等教育段階から、保護者に授業料を課し、収益率が低い中等教育や、高等教育では、受益者負担の割合を増やすよう、国際機関が途上国政府にアドバイスするようになったのである。

1980年代に構造調整計画によってもたらされた国際協力のもう1つの大きな転換は、援助機関と途上国政府の関係性である。先述の通り、1970年代は途上国が国際的に発言力を高めた時期であったし、援助機関の活動も、個別に行われていた。したがって、援助機関が共同で途上国政府の政策自体に介入する、しかも1カ国だけでなく、同時多発的に多くの国に同種の改革を導入するということはなかった。しかし、構造調整計画は、市場原理に基づいて、マクロ経済パフォーマンスの向上、政府機能の縮小、効率性の追求、といった共通の目標に向けた改革の処方箋だった。そして、それは、債務危機に陥った国々が、世界銀行・ＩＭＦをはじめとする援助機関から救済融資を受けるためには導入が義務付けられているものだった。このように、資金を背景に強い影響力をもって外部の援助機関が政策オプションを示し、そのことが世界の異なる地域にある途上国の政策の類似性を高めるという状況は、80年代に生まれたといえるのである。もちろん、情報は国境を越えて流通するし、国際協力・開発のトレンドというのは、80年代以前にもあった。しかし、情報やモデルの受け手である途上国が外からの情報を取捨選択する「選択的適応」の余地は、この時期から減ってきたように思われるのである。

さて、ここまで、国際開発・協力の理論、分析方法、アプローチなどのトレンドを、第二次大戦直後から80年代まで概観してきた。こうした概念的なトレンドが、実際に、援助の資金配分にどのように反映されたのかを、世界銀行を例にとって簡単に示しておこう。

１９６４年から69年にかけて、中等教育は世界銀行の教育分野の貸し付けの大部分を占め、

図表1－4　世界銀行のサブセクター別教育事業投資　1963—90

	1963－76	1977－86	1990
	%	%	%
普通教育	**42**	**52**	**64**
初　等	6	22	24
中　等	20	10	8
ノンフォーマル	1	0	0
中等以上	4	14	17
教員養成	11	6	15
職業教育	**51**	**44**	**25**
中　等	23	6	4
中等以上	16	24	16
ノンフォーマル	11	13	2
教員養成	1	1	4
その他	7	3	11
合　計	100	99	100

出所：Jones (1992), p.182.

中等普通課程と職業課程を合わせると、全体の4分の3を占めた。この時期は、アフリカ、ラテンアメリカ、アジアの旧植民地への援助が多かったが、70年代に入って、教育セクターへの援助金額そのものが激減している (World Bank 1995, 145-156)。1970年代には、高等教育への貸し付けが一番多く、次が中等普通教育となっている。図表1－4に世界銀行の教育サブセクター別事業投資を示した。これによれば、職業教育課程への投資は、1963—76年期には半分以上を占めていたにもかかわらず、1990年には25％に減少しており、そのなかでも、中等職業課程への投資が激減している（23％から４％）。このことから、世界銀行が行った教育収益率分析の結果が事業の実務に直接的な影響を及ぼしており、国際協力全体の潮流とも呼応していることがわかる。

高等教育への援助が70年代以降、常に多いのは世界銀行の特徴であるが、初等教育への投資が増えだしたのは、これも、当該教育段階の収益率が高いといわれだした１９７０年代後半から80年代である。１９９０年代に入って、世界的に初等教育の重要性が強調されるのに呼応して世界銀行の初等レベルへの投資も大幅に増大した。同時に、中等教育は、職業課程、普通課程ともに支援が大幅に減少している。

（４）１９９０年代から——「万人のための教育」「ミレニアム開発目標」

序章で、ＥＦＡについては少し触れた。１９９０年代以降の教育開発・協力をＥＦＡ抜きに語ることはできない。「万人のための教育（Education for All：ＥＦＡ）」とは、１９９０年にタイのジョムティエンで行われた「万人のための教育世界会議」で採択され、次いで２０００年に「世界教育フォーラム」（セネガルのダカールで開催）で再合意された６つの目標からなる教育分野の国際的開発アジェンダである（囲み１）。この６つの目標群は、

囲み1：「万人のための教育」（ダカール行動枠組み）

1．就学前児童の福祉および教育を改善
2．2015年までにすべての児童が無償義務初等教育を受け，修了できるようにする
3．生活技能プログラムへの公平なアクセスを確保
4．2015年までに成人識字率の50％改善を達成
5．2005年までに初等中等教育における男女格差を解消
6．教育のすべての側面における質を向上

初等教育の質・アクセスの向上から、就学前教育、インクルーシブ教育、ライフスキル教育、成人識字教育を含む多岐にわたるものである。ジョムティエンの会議は、それまで教育セクターでバラバラに活動していた援助機関や途上国政府の代表が、一堂に会して、教育開発の共通の目標を設定しようとした初めての試みであった。中心になったのは、ユネスコ、ユニセフ、世界銀行、UNDP（国連開発計画）であった。この4つの機関のうち、ユネスコは戦後の教育開発の理念を主導してきた機関であり、それだけに、人権アプローチやノンフォーマル教育、成人識字教育なども含む生涯学習をその組織理念として掲げていた。一方、世界銀行は、経済発展のための人的資本形成のための手段として教育を位置づけていたから、世界銀行の関心は、学校ベースの、しかも収益率が高い基礎（初等＋前期中等）教育の拡充にあった。ま

た、ユニセフにとっては、「子ども」がキーワードであり、就学前教育も含めた未成年者の教育を重視し、そのチャンネルは公的学校もノンフォーマルな場も含むべきと考えていた。このように、中心的役割を果たした機関の関心が多様であったこと、また、教育というものの性格の多面性もあって、EFAの目標群は多岐にわたる内容になったといえる。しかし、EFA目標は、10年経過しても達成にほど遠い国が多く、2000年には、国際社会は、「世界教育フォーラム」において、目標の再定義と達成期限の延期を行ったのである。

一方、「世界教育フォーラム」が開催された2000年に、ミレニアム開発目標も採択された（Millennium Development Goals：MDGs）。MDGsは貧困削減を究極目標とする社会経済活動を広くカバーする8つの目標群である（囲み2）。「貧困削減」は、90年代末以降の国際開発の中心命題となっていた。それは、80年代に導入された構造調整計画の反省に基づいている。

80年代から90年代初頭に導入された構造調整計画で、国際社会は、債務超過した途上国のマクロ経済政策や政府の構造改革を行うことによって、経済発展を促そうとした。しか

囲み2：ミレニアム開発目標

1．極度の貧困と飢餓の撲滅
2．無償・義務初等教育の普遍化
3．ジェンダーの平等の推進と女性の地位向上
4．幼児死亡率の削減
5．妊産婦の健康の改善
6．HIV／エイズ，マラリア，その他の疾病の蔓延防止
7．環境の持続可能性の確保
8．開発のためのグローバル・パートナーシップの推進

し、構造調整計画の結果は国によってバラバラで、経済成長を遂げた国についても、この政策の成果であるという直接の因果関係は明確でなく、むしろ80年代に経済が成長どころか、失速した後発途上国（LLDC）も少なくなかった。図表1―5は、構造調整計画を実施したアフリカの国々の各種指標であるが、実質GDP成長率は、調整前の3・4％から調整後の2・4％に下落している。貿易障壁をなくして市場開放を促進する構造調整計画を受け入れた結果、後発途上国では、60～70年代に先に経済成長を果たしたシンガポール、台湾、マレーシアなどの国々が行ったように、関税などを高くして国内市場を閉鎖し、幼稚産業を保護するといった政策は取り得なかった。さらに、構造調整計画で行政のスリム化を図った結果、貧困層やエスニック・マイノリ

図表１－５　構造調整計画を実施したアフリカ18カ国の経済指標
（1980年代後半～1990年代前半）

	調整前	調整期	調整後
実質GDP成長率（%）	3.4	2.5	2.4
一人当たり実質GDP成長率（%）	0.5	−0.8	−0.6
総国内投資／GDP（%）	22.1	16.0	13.5
財政収支／GDP（%）	−6.0	−6.8	−7.0
関税収入／GDP（%）	5.2	6.0	5.1
経常収支／GDP（%）	−6.9	−6.1	−2.8
保健・教育支出／GDP（%）	4.8	4.8	4.6
物価上昇率／年（%）	21.5	26.1	37.2
実質輸出成長率（%）	3.0	4.4	2.6
製造品輸出／総輸出（%）	1.9	2.2	2.4
対外債務／GDP（%）	40.4	96.7	95.5
債務返済／GDP（%）	3.0	6.2	8.4
債務返済／総輸出（%）	10.6	22.6	31.6
実質為替レート（1980＝100）	96.5	94.3	80.9

出所：室井（2004），137表５－８。初出はWorld Bank（1993），*Adjustment Lending : Lessons of Experience.*

ティ（少数民族）、女性、障害者など、脆弱層と富裕層の間で、社会経済的な格差が増大してしまった。旱魃や国内紛争などの要因も相乗的に働き、80年代は経済失速と社会格差の拡大に見舞われ、失われた10年と呼ばれるに至ったのである。

こうした反省に基づき、90年代末から、世界銀行／ＩＭＦは、重債務貧困国と認定した国々に関しては、貧困削減戦略書（Poverty Reduction Strategy Paper：ＰＲＳＰ）を策定し、世界銀行／ＩＭＦの認証プロセスを経れば、債務を免除するという新しい方針を導入したのである。多くの援助機関は、この世界銀行／ＩＭＦの新しい方針に同調し、多くの重債務貧困国で、借金の棒引きが行われたのである。ＰＲＳＰは、構造調整計画と同様、途上国政府の国家開発計画ともいうべき包括的な国家政策で、経済、産業、インフラ、社会サービス等、あらゆる行政分野に関わるが、構造調整計画は、民間活力の導入、政府機能の縮小、市場規制の撤廃などが中心だったのに対し、ＰＲＳＰは、貧困層を直接対象とする社会サービスに重点を置く内容となった。２０００年に国連で採択されたミレニアム開発目標（ＭＤＧｓ）は、海外援助を受ける途上国（特に債務免除を求める重債務貧困国）と、それを支援する援助国・機関がともに目指すべき国際的アジェンダであり、途上国のＰＲＳＰは、ＭＤＧｓ達成に向けた政策・戦略を盛り込むことが求められた。

さて、ＭＤＧｓが合意されたのは、ダカールで「世界教育フォーラム」が開催されたのと同じ２０００年である。したがって、時代を反映して、教育開発・協力の潮流も、貧困削減の方向に動いたことは、想像に難くないだろう。ＭＤＧｓの８つの目標のうち、教育にかかるものは、「無償・義務初等教育の完全普及（ＵＰＥ）」と「教育における男女間格差の解消」の２つである。これらの２つは、直接脆弱層の基本的人権を満たし、貧困削減

図表１－６　1990年からのDAC諸国による後発途上国向け社会セクターODA（社会セクター全体へのODAに占める割合）

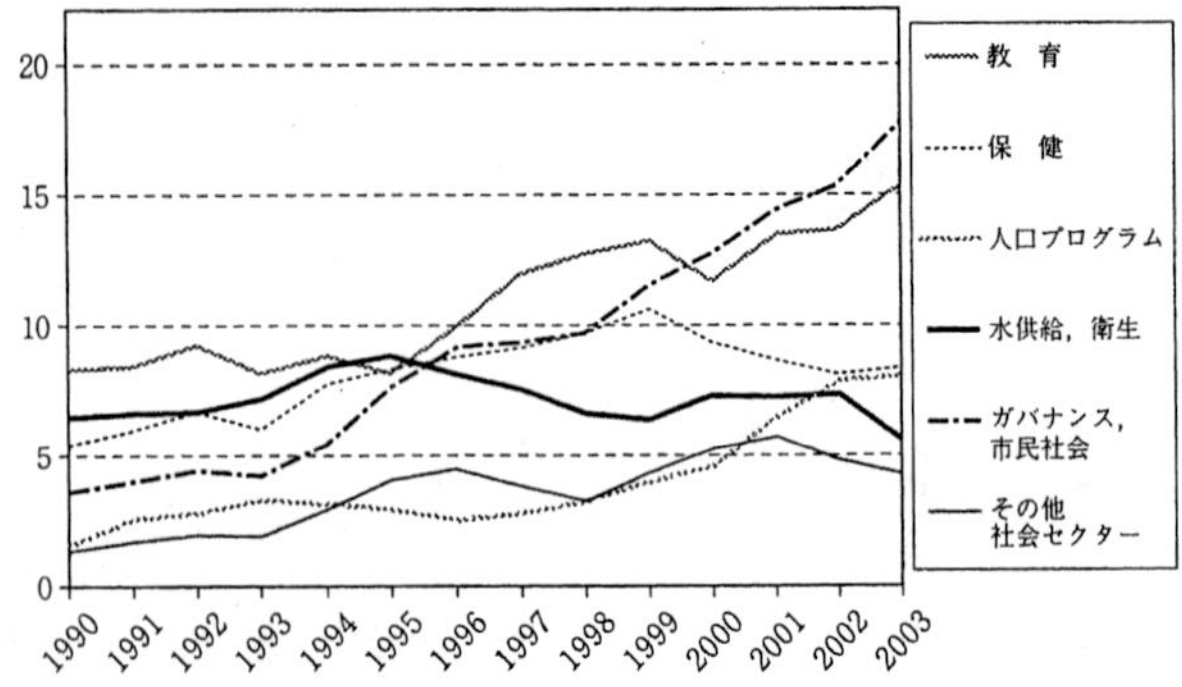

出所：OECD (2006)。

に貢献すると考えられたのである。すでに述べたように、ジョムティエンで合意されたＥＦＡ目標は６つあり、教育のさまざまな分野、対象者を視野に入れていたが、ＭＤＧｓに含まれたことにより、「ＵＰＥ」と「男女間格差の解消」の２つは、ＥＦＡだけでなく、より大きな政策枠組みのなかで指標化され、他の４つのＥＦＡ目標に比べ、国際的にも途上国内部においても高い優先度を置かれることとなった。

　図表１―６は、ＯＥＣＤ―ＤＡＣ諸国が、貧困国向けに出した社会開発分野の援助額の推移を示したものである。90年代後半から、ガバナンス（政府の統治能力向上のための支援）とともに、教育分野への援助が大幅に増加し

図表１－７　2004年のDAC諸国による後発途上国向け教育ODAの分野別配分（教育ODAに占める割合）

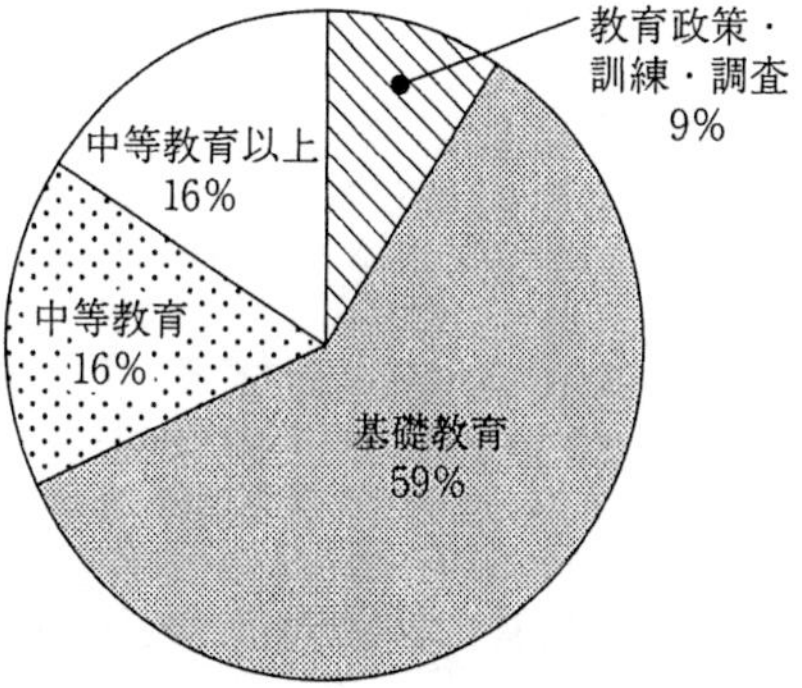

出所：OECD(2006)。

ているのがわかる。ガバナンスが増えているのは、「従来、援助プロジェクトは、先進国から専門家や技術者を派遣して、援助機関主導で実施されたために、途上国の主体性が育たなかった」との反省から、途上国政府の能力を強化し、援助国・機関が過度に介入しなくていいようにしようという潮流が生まれたためである。ガバナンスに次いで増加している教育分野へのODAのうち、６割近くは基礎教育（初等＋前期中等）に向けた援助である（図表１―７）。これらのデータは、１９９０年代後半から、マクロレベルでは、多くの資金が途上国のなかでも特に貧困国、そして、教育や保健といった社会セクターに集中した様子を示しており、資金の動きが貧困削減や脆弱層の基本的社会サービスを重視する援助の潮流に呼応していることがわかる。

構造調整計画では、行政にも市場原理を導入し、教育や保健などの社会サービスの受益者に、授業料や診療費という形で費用を分担させる「コストシェアリング」が奨励された。しかし、貧困削減パラダイムの下では、教育はすべての人が享受すべき人権であり、政府はその権利を保障する義務があるという議論が主流となり、80年代に導入された授業料は撤廃された。このように、授業料を導入したり撤廃したりしている国は少なくないが、それは国際的な潮流かつ援助機関のアドバイスに従っているという側面とともに、後発途上国では、初等教育を完全に無償義務化するのは、政府の財政負担能力を越えることが多いため、政治家が、一度は無償化を公約したりしても、長くは続かないといった事情もある。

いずれにしろ、国際的な流れとしては、90年代後半からは、上からの開発という考え方が再度反省され、ボトムアップで、貧困削減をするという方向に進んだ。そして、そのなかで、基礎教育は、貧困削減に最も貢献する分野として、急速に援助が拡大したのである。2000年代初頭には、政府の教育予算の7割近くを基礎教育に配分することが望ましいといわれたこともあり（EFA—FTIベンチマーク）、援助依存率が高く、外部からのアドバイスに強く影響された後発途上国では、教育予算の半分以上が基礎教育に配分されているということは少なくなかった（Yamada 2005）。

１９８０年代の構造調整計画の頃から、国際社会が共通の枠組みをもって異なる途上国に対する援助を行うようになり、途上国の政策が同じ処方箋に従った類似性の高いものになっていったことはすでに述べた。この傾向は、貧困削減パラダイムにおいて、より明確になってきたといえる。１９９０年代の後半以降、援助効果を向上するためには、援助機関はバラバラに活動するのでなく、連携すべきだという「援助協調」の理念が国際社会で広く認識されるようになった。そのため、構造調整の時代よりも、援助機関が目標や援助手法を共有するという明確な共通認識があり、それゆえ、集中の効果も高くなった。無償義務教育の普及は、１９６０年代から国際開発に関わるさまざまな会議や文書で言及されてきた目標であったが、実際にその目標に向けて、就学率が劇的に向上したのは、90年代半ばから後半以降である。しかし、一方で、あまりに集中が進んだため、行政が行うべき他の側面がなおざりになるということが起こった。教育分野でいえば、基礎教育の量的拡大以外の側面、たとえば、中等教育、職業技術教育、高等教育などの基礎教育以外の教育段階や、基礎教育の質（就学率拡大以外の部分）に、予算も、人員も十分に行きわたっていなかったのである。

また、構造調整の頃から、国際開発・協力の流れを主導するのは、世界銀行／ＩＭＦといった資金力のある援助機関になっていった。世界銀行もＩＭＦも資金貸付機関であるから、経済学者を多く擁し、経済学的発想で援助の方針を決めることが多い。それは、直接的に経済や金融政策だけでなく、教育などの社会セクターにも及んだのである。教育生産関数や収益率といった経済学的分析が教育の特定の分野の援助を正当付け、援助の潮流を決めたのも、世界銀行が教育開発・協力のオピニオンリーダーになってきたことと無縁ではない。ユネスコは、教育にかかる国連専門機関でありつつも、資金基盤が弱く、理念を提示しても、それを現場で実践するキャパシティが限られている。援助機関相互の力学を詳しく述べるのは本書の目的ではないが、経済学的発想が教育開発・協力を支配したために、進捗を数字で評価できる指標（就学率、留年率、退学率など）に教育が矮小化されてしまったきらいがある。援助機関が途上国にもっている現地事務所に行っても、教育専門家がおらず、行政や経済の専門家が教育分野もまとめて担当している、といった状況が、近年ではしばしば見られる。援助の実務に理想論をもち込んでも物が進まない、という意見もあるかもしれないが、教育学的発想がまったくない教育開発・協力はやはり少しいびつである。

（5）2000年代半ば以降

1990年代以来基礎教育へ大きく振れていた援助機関の動向も、近年では若干の修正がなされつつある。貧困削減の理念枠組みが導入された後の2000年代においても、特に後発途上国が多いサブ・サハラ・アフリカなどで、貧困率（1日1ドル以下で生活している人の割合）の削減目標を大きく下回っており、また、基礎教育修了程度の若年人口の失業率が人口全体から見ても高い国も少なくない。ILOの2006年の統計では、1日当たりの収入が1ドルに満たず、働いても生計が成り立たない「ワーキングプア」が全労働者に占める割合は、サブ・サハラ・アフリカで55％、南アジアで34％と高い（ILO 2007, 11）。すでに多くの国々で青年失業率は全体の失業率を大きく上回り、南アフリカでは60％という驚異的な高さに至っている。このことは、基礎教育を受けた人口が労働市場に十分に吸収されておらず、生計を得られない人が多いため、基礎教育を拡大しただけでは貧困削減につながらないことを示している。

また、短期間での基礎教育の拡大は、卒業生の増大、ひいては中等レベルの教育機会拡充への圧力を高めている。しかし、中等（特に後期中等）教育は、戦後の10年程度を除いては、国際開発・協力では一番ないがしろにされてきた分野である。高等教育は、高度な産業技術者やマネージャーを養成し、国力を高めたい途上国政府は常に重視する分野であるし、人的資本論でも、教育年数が長いほど人的資本としての価値が高いといわれ、近年は基礎教育ほどではなかったが、高等教育は、やはり援助が恒常的に入っている。しかし、初等教育と高等教育が膨らんでも、肝心の両者をつなぐ中等教育がボトルネックになっている例が少なくない。

こうしたことから、この数年は、基礎教育一辺倒だった教育開発・協力の議論が多様化している。一方では、基礎教育後に、職を得られるような技術を身に付け、教育が貧困削減につながるよう、中等レベルでの実践的な職業教育を重視する動きがあり、同時に、基礎教育も、就学率だけ増えても、教育の質が低ければ必要な知識を学ばず、無駄に時間を過ごしてしまうことになるので、教育の質を重視するようになっている。また、学校の数を増やし、就学促進キャンペーンをしても学校に来れない、特殊なサービスを必要とする子ども（遠隔地に住む者、遊牧者、女子、障害者など）に対するきめ細かいサービスをしないと、就学率が高くなっても、完全には普及しない、として、「最後の10％」、「最後の

5%」への対応も訴えられている。また、基礎教育の就学年齢には達していない子どもを対象とする就学前教育も義務化する、といった野心的な計画も実施に移されている。

2000年代半ばまでの基礎教育集中は、ある意味では特殊な状況だったかもしれないが、ここ数年で、教育開発・協力は再び多様化の兆しを見せている。今後、国際社会の教育開発への関与がどのような方向に展開していくか、しばらく観察する必要があろう。

日本の援助

本節では、世界の教育開発・協力の流れのなかで、日本はどのような協力を行ってきたかを、時間を追って概観することとする。日本の援助方針は、敗戦からの復興経験、アジアで唯一の援助国としての立場など、欧米援助国・機関とは違った特異な条件によって規定されてきた部分も多い。同時に、諸外国の日本に対する評価や外交的、経済的条件に影響を受け、国際的な潮流に沿おうとする側面もあった。特に、90年代以降は、従来、途上国政府の主権を重んじる立場から、あまり深入りしなかった教育政策や教員養成などにも関わるようになり、日本は、国際協力コミュニティの一員として、積極的に国際目標の達成に貢献しようとしていく。序章でも述べたが、こうした日本の教育協力の姿勢の変化は、日本における途上国教育研究の性質や専門性に大きな影響を与えてきたのである。したがって、国際的な潮流と同時に、日本の教育開発・協力の変遷を知ることは、日本人として教育開発・協力に関わり、考えるために不可欠といえよう。

（1）1950～60年代

日本は、1954年に、アジア・太平洋地域の開発援助を行う国際機関であるコロンボ・プランに加盟することで、援助国の仲間入りを果たした。同時に、日本はアジア諸国に対する戦後賠償としての経済協力を開始するのである。こうした経済協力は外務省を中心に行われたが、戦前・戦中の反省から、途上国政府の主権を侵さず、要請されて初めて援助を提供する「要請主義」の原則に従っていた。こうした主権干渉を恐れる援助姿勢は、教育協力にも影響した。特に、日本を戦争に導いた1つの大きな要因は、全体主義的な思想を伝達した教育だったという認識から、教育の中身に関わる援助を、日本は忌避したのである。

さて、コロンボ・プランに先立つ1951年に、日本はユネスコに加盟している。敗戦国の日本が、最初に加盟した国連機関は、ユネスコであり、その窓口は、文部省（のちの文部科学省）であった。日本の教育分野での国際協力は、ＯＤＡの主務官庁である外務省と文部省の動きを別個に見なければいけないと、斉藤や上別府は述べている。ＯＤＡ実施機関である海外経済協力基金（ＯＥＣＦ、国際協力銀行を経て、２００８年10月より国際協力機構と合併）、海外技術協力事業団（ＯＴＣＡ、国際協力機構の前身）が１９６１、62年に相次いで設立されたが、教育協力にあまり積極的でないこれらのＯＤＡ機関とは別に、文部省では、60～61年には、東南アジアや中近東の途上国の教育事情を知るための調査団を派遣したり、62年に第一回ユネスコアジア文部大臣会議をユネスコと共催するなど、積極的にアジアの教育協力を推進しようとしていたのである（斉藤　２００９、Kamibeppu 2002）。

１９６０年代初頭には、ユネスコが主導してアジスアベバ、サンチャゴなどにおいて、最初の地域教育開発会議が次々に開かれたことはすでに述べたが、その皮切りは、１９６０年にカラチで開催されたアジア地域会議であった。日本のユネスコ加盟とほぼ同時期に起きたアジア地域における教育協力・開発の動きは、文部省の教育協力に大きな弾みをつけた。カラチで採択された「アジア地域初等教育発展計画（通称　カラチ・プラン）」は、１９８０年までにアジア諸国で初等教育の無償義務化、普遍化を達成することを謳っていた。カラチ・プラン支援のため、日本は対外教育協力審議会を設置し、アジア途上国の教育事情に関する情報を整備するなど、国内の体制を整えようとした。それと同時に、アジアからの国費・私費留学生の受け入れ体制も整えた。

日本は当時、戦後復興から経済成長期に入っていた。斉藤は、日本の教育協力関係者の間に、「明治期以来、独力で近代化を成し遂げ、1960年にはすでに9年間の義務教育を達成し、経済復興も遂げつつあった日本はアジアのモデルで、日本の開発経験をアジアに共有し、助言をするのが日本の役割だ」という認識が広く共有されていたことを示している（斉藤　2009、6―12ページ）。日本の援助の底流を流れる理念に、（1）日本の開発経験を途上国に移転する、（2）途上国の自助努力を促す、というものがある。ここでいう「自助努力」とは、豊かな国が貧しい国をチャリティ的に援助するのではなく、自らが奮闘努力しながら発展を遂げた日本が、途上国も同じように自力で頑張ることを側面支援する、という発想であり（Sawamura 2004；Rix 1980）、その根源は1960年代の援助議論のなかに見られる。また、日本の教育協力の1つの特徴である理数科教育協力も1960年代に始まっている。産業技術や理系科目の教育に重点を置いたのは、それらが機能的で、社会の価値観に直接踏み込まない教育分野だという理由と、日本の発展を支えたのは、こうした分野での教育による高水準の技術者養成だという信念があったからである。

（2）1970～80年代

1960年代から、日本の貿易黒字は拡大を続けた。それとともに、日本の経済力を脅威と感じる国々からの批判も加熱してきた。日本のODAは、戦後賠償という観点から、日本人専門家あるいは日本企業が、日本政府の負担によって（被援助国の負担なしに）、被援助国が望むサービスを提供するという発想で始まっていたが、このことは、援助と企業の営利活動が密接に関係した状態を生み、後に日本の援助がひも付きだとの批判を受ける原因にもなった。日本の「自助努力」の発想からいうと、援助の贈与比率を高くして援助依存を高めるよりも、途上国政府が自ら方針を立て、それに沿って産業人材育成のための技術支援やインフラのための借款を日本が支援することで自立的に経済発展を遂げることこそ望ましかったかもしれない。いずれにせよ、日本の援助が、日本企業の経済的利益のために使われているという批判が高まるにつれ、日本政府は、援助のアンタイド（ひもなし）化を進めていった。1974年には34％だったひもなし援助の割合は、1989年には78％まで増えている（外務省 1990）。また、日本の援助はインフラ建設や機材供与など（ハード）が中心で、開発事業の中身に関わる技術協力（ソフト）が少ないという批判も受け、技術協力案件や専門家派遣などの比率を増加させた（Orr 1990）。このように70～80年代は、援助国としての日本の存在感が次第に高まるなかで、国際的基準に照らして援助の質を向上させ、実施体制を強化する時期だったのである。

日本のODAには、10以上の省庁が関わり、それぞれ別個に援助を行っている状態であったので、外務省は、援助機関の一元化を唱えていた。それを実現するための施策として、1973年に、OTCA（海外技術協力事業団）を発展解消させる形でJICA（国際協力事業団、現在の国際協力機構）が生まれたのである。JICA設立はいろいろな省益が絡む政治的なプロセスであったが、おもに関わったのは外務、農林、通産の3省で、文部省はこの動きからは取り残される形となった。JICAの行う援助は、監督官庁の影響を受け、教育分野でも、学校での普通教育よりは、特定の産業にかかる職業訓練や、中等・高等教育レベルの職業教育・訓練にかかる学校建設、機材調達が中心となった。

これに対し、文部省は、学校教育を中心とした教員の訓練や留学生制度を中心とした国際協力を行っていた。国費留学生の数は、1975年の821人から1989年には4,764人に増加し、留学生予算はこの時期の文部省のODA予算の8～9割を占めた

（上別府　2009）。文部省は、ユネスコを通じた多国間教育協力や、JICAを通じた二国間協力も行ったが、この時期、文部省の教育協力と、ODAの主流で行われた職業訓練とそれにかかるインフラ事業の間には、考え方やアプローチにかなりの開きがあったといえるだろう。この頃JICA等が行った職業訓練は、広い意味での人材育成であるが、途上国の教育省が管轄する学校制度の枠外で企業や産業界との関わりのなかで行われるものがかなり多かったため、90年代以降に「教育協力」と定義されるものとは、厳密には分類が異なることも指摘しておく必要があるだろう。

（3）1990年代〜現在

90年代は日本の国際協力の大きな転換期であった。1989年に、日本は、世界一のODA供与国となった（図表序─1、6ページ）。80年代からすでに、経済大国となった日本のODAの内容についての風当たりは強くなっていたが、援助額でトップに躍り出たことによって、従来のハード中心で、政策や中身に深入りしない援助を行う立場から、援助の潮流そのものをリードしていくような積極的な役割を担う必要を自認するに至ったのである。そうした流れのなかで、教育分野についても、特定の技術を身振り手振りで伝達するという技術協力から、教育政策やカリキュラム、教員養成、科目教育の中身がわかり、政策協議に参画できる専門家が求められるようになったことはすでに述べた通りである。

1990年にタイのジョムティエンで「万人のための教育世界会議」が行われたとき、日本からは、文部省、JICAそれぞれの教育協力関係者が参加した。ジョムティエン会議の直後、JICAは教育援助検討会を立ち上げ、ここに文部省関係者も参画することとなった。長く疎遠だったJICAと文部省が、時代の変化に直面して、教育協力の再検討を行うために歩み寄りを見せたのである（斉藤　2009）。ここに至って、長年、ODAの主流では忌避されてきた基礎教育援助の重要性が関係者合意のもと、基本方針として押し進められることとなる。

1996年には、途上国への教育協力の基本方針、具体的施策を提示することを目的に、文部省内に国際教育協力懇談会が設置された。2002年の第二次国際教育協力懇談会の最終報告書には、EFA推進に向けた「ダカール行動枠組み」に日本として貢献するために、初等中等教育分野に対する支援を重視すること、日本の教育経験を活かし、国民参画型の協力をするために、現職教員の派遣も積極的に推し進めること、などが盛り込まれている。また、初等中等教育分野での支援を効果的に行うため、日本国内の大学等に研究・

協力拠点を置くことも提案され、実際に、広島大学および筑波大学の「教育開発国際協力研究センター」を中核に、大学、NGO等のネットワークが構築された。懇談会の報告書がまとめられた2002年には、カナナスキス・サミットにおいて、小泉純一郎首相（当時）が、「成長のための基礎教育イニシアチブ（Basic Education for Growth Initiative：BEGIN）」を発表し、ダカール行動枠組みで示された目標達成のため、向こう5年間で教育分野（特に基礎教育）へのODAを2、500億円以上行うと宣言した。これは、国際社会に向けて、日本として初めて基礎教育支援のための方針を提示した政策文書であり、援助額の算定方法や具体的方針などについて批判はありつつも、省庁や技術協力や無償資金協力といった異なる援助方法の壁を越えて日本の教育協力を包括する方針を示しているという点で画期的であった。

図表1—8は、1995～2004年のJICAの教育分野の技術協力（借款、無償を除く）実績を示したものである。日本のODAの特徴であった職業訓練・産業教育が長年、教育分野の援助額トップであったが、2000年代に入って、基礎教育がこれを抜いてトップになっている。

BEGINでは基礎教育支援をするにあたって、途上国政府の教育に対する主体的関与

図表１－８　JICAの教育分野の技術協力実績（サブセクター別）

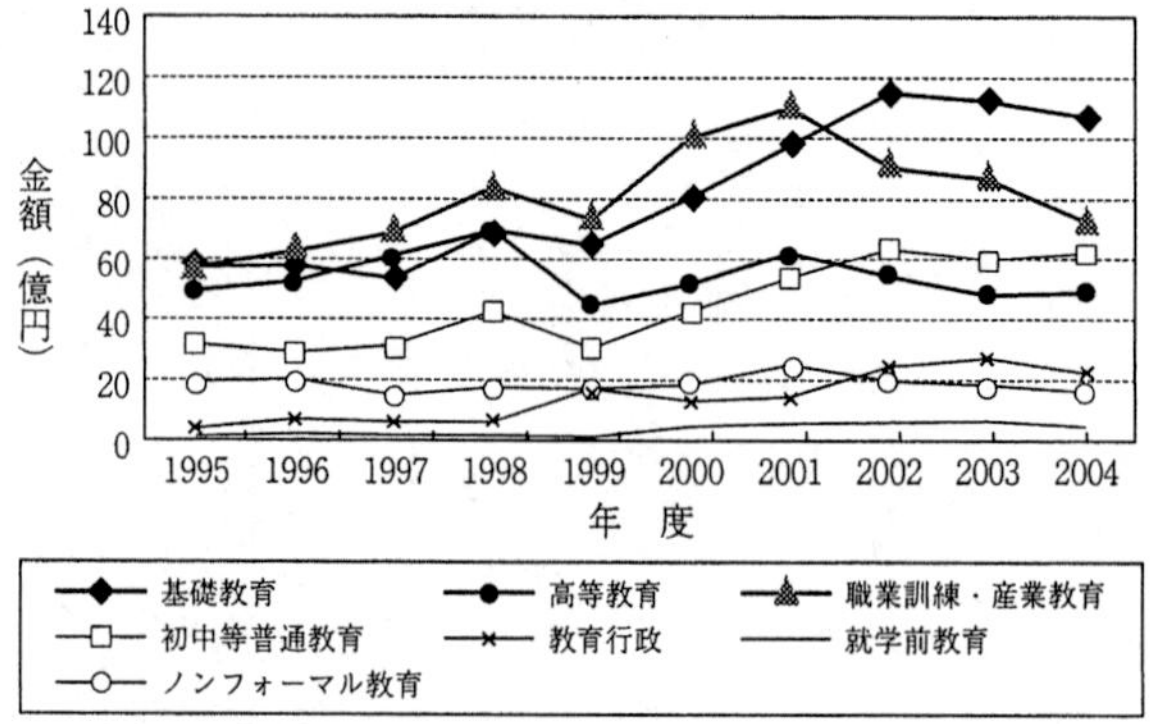

（注）金額実績ベース。
出所：国際協力機構（2009）。

と自助努力を重視している。従来の援助は、援助機関が当該国の制度を無視して、援助する側の問題意識や得意分野に特化したプロジェクトをバラバラに行っていたため、効果・効率が低かったとの反省に基づき、90年代以降、援助機関は、途上国政府が主体的に策定した政策をパートナーとして一歩引き、連携して支援すべきだ、という理念を共有するようになった。貧困削減戦略書（ＰＲＳＰ）やミレニアム開発目標（ＭＤＧｓ）が、実際には途上国の政策を一定の型にはめる傾向があることを考えると、こうした援助理念が空疎に感じられることも少なくはないが、国際的に「途上国政府の主体性」を重んじる空気が広がってきているということができる。他方、日本が「途上国政府の主体的関与と自助努力」というとき、それは、国際的な潮流に寄り添っているだけでなく、「自助努力」が日本の援助理念として60年代からの歴史をもっていることを忘れてはならないだろう。澤村は、日本の「自助努力」は、同じように途上国から発展を遂げた日本が、途上国が自力で頑張ることを側面支援することを意味するのであって、欧米のキリスト教的慈善とは発想が違うことを指摘している（Sawamura 2004）。90年代以降、国際的な流れに足並みを揃えるようになった日本にも、国際協力体制や理念には独自の経緯があり、そうした背景が、現在の日本の教育協力の実践を理解する上で重要な意味をもつのである。

さて、国際的な動向も、ここ数年、基礎教育一辺倒でなく、中等職業技術教育、高等教育、就学前教育など、多様化してきていることはすでに述べた。日本の教育協力は、もともと職業技術教育や理数科教育支援を強みとしており、基礎教育分野でも理数科教員の現職訓練は、主要な分野の1つである。職業技術教育への支援は、一時期下火になったが、近年、また国際的にその意義が見直されるなかで、ＪＩＣＡでも活動を広げつつある。また、アジアや中近東などの中所得国に関しては、職業技術教育と並んで、高等教育支援が活発である。

むすび

本章では、第二次世界大戦後の教育開発・協力の議論がどのように形成され、変遷してきたかを示すために、まずは、近代化論、従属論、世界システム論といった、国際社会のなかでの途上国の位置づけと開発に関する理論を概観した。その上で、そうした理論を背景としつつ、1960年代から国際開発および教育開発の重点がどのように移り変わり、それがどのような理論や分析によって裏付けられ、正当づけられてきたかを説明した。国際開発や教育開発の潮流は、時代の経済状況、政治要因、社会環境などによって変化する。また、あるときに正しいとされた教育開発の優先付けが、10年も経つとすっかり反省されて、反動でまったく逆の方向に潮流が動いたりする。国際協力の実務に携わっていると、日々の業務に忙殺され、長いスパンで、現在の活動の意味を考えたりする時間が少ないので、20年前には、現在と同じような援助手法がもてはやされていたのに、それが一度否定され、また新しいもののように導入されていることに気付かなかったりする。あるいは、ふと感じることはあっても、立ち止まって国際開発の本質的意味などを自問したところで、山積みの仕事を片付ける役にはあまり立たないので、深入りしないかもしれない。しかし、私を含め、何らかの志をもってこの道に入った者にとって、「何のためにやっているのか」「どこへ向かっているのか」というのは、国際開発・協力という業界だけでなく、自分の存在に関わる問題であって、なおざりにしてはいけないように思う。

さきに、現在の教育開発・教育協力を理解するためには、時間軸（歴史的変遷）と分野の広がり（教育以外の分野との関わり）のなかで捉えないといけないと述べた。それに加えて、もう1つ重要な分析視点として、空間軸もある。たとえば、アフリカで実践されている教育開発とアジアやラテン・アメリカで実践されているそれがもつ共通性や相違点を社会状況に位置付けて考えるということだ。グローバル化は、世界各地の文化的、社会的な違いを平準化し、経済はもとより、人々の生活のあらゆる側面で国家や特定の社会集団の境界線が薄れ、均質化している、と述べたのはトーマス・フリードマンである（２００６）。国民国家が、もはやグローバル世界での人、物、資金の動きを把握するための分析単位として意味を成さなくなってきているという指摘はすでに多くの人々によってなされているが、そうしたなかで、公教育とは、極めて国家的な事業である。国家の開発ビジョンに合った人材を養成するために、国家予算の多くを投じて行う社会サービス、という認識で見ると、教育は国家の政治や為政者の意向を如実に反映するものと考えられる。たとえば、シンガポール、韓国、台湾、香港など、70～80年代に急成長を遂げたアジア諸国が、マクロ経済における自国の位置を把握した上で、国家の産業育成戦略の一環として教育政策を位置付けていたことはよく知られている（Ashton et al., 1999）。同時に、国家そのものもグローバル化の影響を受けて、その政策も、相違よりも共通性が目立つ平準化が起きているという側面もある。たとえば、国際教育到達度評価学会（IEA）が実施する国際数学・理科教育調査（TIMSS）や、経済協力開発機構（OECD）による学習到達度調査（PISA）という、義務教育段階の生徒・児童の知識、技能の習得度を測定する国際比較テストがある。これらのテストで順位が上がったり下がったりすることが特定の国の教育政策に影響するという状況はしばしば見られ、日本でも、ゆとり教育や学校週休二日制を見直す議論が高まった要因の1つに、2003年のPISAで順位が下がったことがある。教育学者の間では、PISAやTIMSSが実際にどういう能力を測定しようとしているのか、その趣旨を理解せずに安易な教育制度批判を行うのは誤った政策判断をもたらすという指摘がしばしばなされるが、このような共通の指標に基づいた他国との比較は、グローバル・スタンダードと国家の教育政策の近接性を高める傾向がある（Baker and Le Tendre, 2005）。特に、援助依存度の高い貧困国では、援助とともにさまざまな政策モデルがもち込まれるために、高度に国家的な事業であるはずの公教育が、同時に、グローバル化や、援助を通じた平準化の影響にもさらされやすいという状況が生まれている。

本章では、教育開発・協力に関わるグローバルな潮流がどのように移り変わってきたか、そのなかで、援助国である日本がどのような理念に基づき、どのような援助を行ってきたかを議論した。1980年代の構造調整計画、1990年代の貧困削減戦略書（PRSP）と、国際開発・協力の世界では、枠組みの共有化、グローバル化が進展し、そのなかで、個々の国の独自性や特殊性は政策に現れにくくなっているように思われる。しかし、ここ数年、国際援助コミュニティの言説も転換期に差し掛かって、基礎教育の質の向上、一般的学校教育ではサービスを受けられない人々（非定住者、障がい者、エスニック・マイノリティ、貧困層など）への配慮、基礎教育後の教育機会の拡大、中・高等レベルの職業技術教育など、方向性が多様化してきている。これらの新しい潮流の芽から、UPE（初等教育の普遍化）に替わる国際的な共通命題が形成されていくかはしばらく様子を見なければわからない。しかし、国際的な潮流は、それ自体に生成のメカニズムがあり、個々の途上国の教育の実態やニーズとは必ずしも連動していない。ある社会で、教育や学校がどういう意味をもつかは、援助の潮流とは別に考えなければいけないのではないか。そこで、次章では、教育開発・教育協力はひとまず措いて、教育というものがそもそもどんな内容、特性をもちうるのかについて概観してみたい。そうすることによって、「開発」のなかで議論される教育と、個々の国や社会における教育の意味を、近づけていけるのではないかと思う。

第2章　教育、学校と学び

はじめに

「教育」とはそもそも何か。広辞苑には、文字通り、それは「教え育てること」と書かれているが、漢語の成り立ちからすると、「育」の字は、まず親が子どもを生み大きくするという意味の表意文字である。「教」は、子どもが主体的にならいまねる意味とムチをもって教える意味の両方が込められているという（『大漢和辞典』（大修館書店））。「教育」という言葉の本来の意味を考えると、子どもの成長を促し、育てること、子ども自身が主体的に学ぼうとすること、そして、親なり教師なりが、特定の意図をもって、時には強制的に教えることが含まれているのである。

教育は社会の維持発展のために必要な構成要素なのか、それとも個々の学習者の発達を促すべきものなのか、教えるべき知識はある程度普遍的に決まっているのか、それとも学習者の置かれた環境やニーズに基づいて提供されるべきなのか、など、教育の本来的目的や役割については、教育学者の間でも統一した見解があるわけではない。たとえば、教育は誰のために行うか、という点では、大まかにいうと、(1)教育は社会のため、という考え方と(2)教育は学習者自身のため、という2つのグループに分かれる。前者はさらに、民主主義や社会主義といった国家の政治体制を理解し、そのなかで与えられた役割を果たせる人々を育てることを重視する政治的、国家主義的立場、学習者が属する社会の規範や価値観に見合った行動を取れる判断力と道徳を身に付けた人々を育てなければならないとする道徳・宗教教育的立場、さらには、学習者がそれぞれの能力や適性に応じて、無駄なく雇用され、国の経済発展を支え、促進することを目指すという、教育を人的資本への投資と考える経済学的立場などに分かれる。教育は学習者のためにある、という後者の主張も、学習者の発達段階に注目し、生物としての人間の発達の各段階に見合った学習課題を与え、円滑な成長を促そうとする発達段階理論や、学習者が識字能力や技能、保健衛生や身近な環境についての知識を身に付けることでよりよく生きていけるようにする、という機能的な側面を重視した考え方、学習者は、単に知識を得るだけでなく、学習の過程で、社会において自らが置かれた立場を認識したり、教育を受けて活躍しているロールモデル（手本）に出会うことによって、自己の可能性に気づき解放されるという、エンパワメントの側面を重視した考え方などがある。

教育哲学や思想は、それ自体、非常に複雑で、細分化された研究分野で、大学の教育学部・教育学科などで、教育哲学を専攻する学生や研究者が「何のために教育をするのか、なぜ学ぶのか」について研究している。しかし、そうした分野の研究と、途上国への教育協力の議論は、なかなか関連付けられることがない。もちろん、児童中心主義の教育思想やフェミニズムなど、欧米で生まれ、展開した思想が途上国における教育分野も含めた開発援助に影響を及ぼすことは少なくない。しかし、それは、かなりデフォルメされて単純なモデルになって、本来の議論の趣旨とは性格が異なってしまうことがよくある。また、思想というのは、それが生まれた土壌や時代背景に密接に関わるので、特定の状況から切り離してあてはめると意味合いが変わってしまったり、また、その思想をもち込む外部者の先入観の押し付けになる可能性もある。

たとえば、現在、世界中で実践されている「近代的学校教育」というのは、19世紀ヨーロッパの特定の時代背景のなかから生まれてきたもので、それ自体がさまざまな批判を受けてきた。たとえば、画一的でトップダウンになりがちな国家プロジェクトとしての学校教育へのアンチテーゼとして生まれた教育理念のなかに、学習者の置かれた環境に配慮し、学習者自身の内から出る興味に教育内容を合わせていこうとする児童中心主義教育があった。近年、途上国への教育協力のプロジェクトでも児童中心主義の教育を推進するための教師教育などが活発に行われているが、そもそもヨーロッパやアメリカで、学校教育に対する根本的な疑問から起こった児童中心主義教育の運動の理念とは切り離され、教育協力プロジェクトでは、学校教育の制度、教科ごとの授業、教師1人が大勢の生徒を教えるといった枠組みを変えずに、そのなかで奨励される教授法として「児童中心主義」が導入されている。手法として、教師が一方的に授業するのでなく、子ども自身が発言する機会を増やしたり、グループワークを重視すること自体は、おそらく、学習成果を上げるのに貢献するのであろう。また、教育協力プロジェクトが国家による学校教育制度の枠のなかで実施されることそのものは、就学ニーズが高い国において極めて重要で、何ら問題とされるべき事柄ではない。しかし、児童中心主義であれ何であれ、手法をその背景にある思想や、それが生まれた社会的、時代的背景から切り離すとき、その教育は、そしてそこで伝えられる知識は、社会的妥当性（レレバンス）を欠く危険があるように思う。もし、学校という制度が、多くの教育協力プロジェクトの前提にあるなら、学校を自明視せず、馬鹿らしいようだが、なぜ学校が必要なのか、なぜ学校に行かなければいけないのか、学校は何をするところなのか、を問うてみる必要があるのではないか。そのためには、教育という人間の営為のなかで、「学校」を相対化し、学ぶということの意味を、その本来の目的を、もう一度考えてみなければならない。

ただし、思想の影響が欧米からそれ以外の社会に一方的に与えられているとばかり考えるのは必ずしも正しくない。思想というのは、影響力のあるものであれば、簡単に国境を越える。たとえば、『被抑圧者の教育学』で知られるブラジルのパウロ・フレイレの教育思想は、欧米の批判的教育学や途上国の成人識字教育などに大きな影響を与えたといわれる。国際的な教育議論のメインストリームで市民権を得た思想は、研究者や政策形成者によって世界のさまざまな場所にもち帰られ、そこで行われる教育に部分的に適用されることになる。この「部分適用」の過程で、わかりやすくデフォルメしたり、別の思想に基づく手法とごっちゃになったりするので、実は「フレイレ主義」といっているものが、中身はフレイレの本来の思想からはかけ離れていることがあるのは、児童中心主義の事例にも通じる。私は、こういう教育思想のつぎはぎというのは昔からあったのだ、ということを、イギリス領の植民地だった頃のアフリカの事例を使って論文を書いたことがあるが

(Yamada 2008)、つぎはぎの教育が行われている場面では、はやりのキーワードがどう散りばめられているかよりも、そういうキーワードを使って、どういう意図の教育を正当づけようとしているか、ということの方が重要だったりする。つまり、意図は、その教育を行う人や場所に帰属しているのであって、思想や手法が生まれた遠いヨーロッパやブラジルから一緒に旅してきてはいない場合が多い。あるいは、元の思想や手法が誠実に再現されているとすれば、それは、その思想や手法を取り入れた社会でも、同じようなものを求める必然性があるのである。

このように考えてくると、特定の社会状況のなかで、何のために教育をするのか、そのためにどういう手段を取るのか、ということを突き詰めて考えずに、「学校に行くのが重要」といってしまうと、学校に行かない人がいたり、学校に行ってもそのことが就業や生活の向上につながっていない人がいると、なぜそういうことになったのかを正確に見極められず、ますます間違った対策を立ててしまう危険がある。

そこで本章では、まず、教育とは何なのか、ということについて教育学者が議論してきたことを概観する。教育学者といっても、ここで紹介するのは、18世紀以降の欧米の研究者が中心である。私自身がアメリカで大学院教育を受けたということも大きな原因だとは思うが、教育理論にしろ、社会学理論にしろ、18～20世紀の欧米の民主主義、資本主義体制の導入、産業革命などの時代背景のなかで発生し、展開したものが学問分野の基礎を形成しており、欧米以外の地域で教育をどのように理論化し、実践していたかについて、体系的に把握することが困難な場合が多い。我々研究者や教育実践者自身が、既存の学問体系をあまりにも当然のこととして受け入れているために、その枠にはまらない学びや育ての実践について、本来の意味や価値に気づけずにいるということもあるかもしれない。この本源的疑問は、特に学校教育が極めて外生的に導入されたアフリカ地域などに関わっていると、繰り返し湧き上がってくる。しかし、そうした限界を認識しつつも、教育学とは何を対象とし、何を課題として取り組んできたかを知ることは、教育開発の議論を深めるための基礎として重要であることはいうまでもないだろう。

教育哲学、教育原論の研究者や学生にとっては当たり前のような思考プロセスをあえてここで提示するのは、途上国であれ日本であれ、1つの社会の教育を総合的に検討し、理解しようとするのに学問分野の区分に納まっていては見えないことも多く、学問の地平を拡げていかなければならないと思うからである。同時に、日本の教育現場で議論されたり、試行されているさまざまな活動や大学等での研究と、途上国に関する教育研究が、有機的なつながりをもつことは、途上国教育研究が、日本の教育研究にとっても、自らを映す鏡として、国内では得られない示唆を与える可能性もあると期待する。

本章では、学説史を概観した上で、学校という制度の歴史をヨーロッパ、日本、そしてアフリカにおいて振り返ってみたいと思う。「学校」はどのように制度化され、拡まっていったのか。それは異なる歴史や社会動態、文化背景をもつ社会において、どのような影響をもたらしたのか。本書で説明できる内容は限られているが、異なる地域での「学校」の受容の歴史を知ることは、学校がもつ機能、役割について多面的かつ相対的に考える契機になるのではないかと思う。また、本章の後半では、教育の役割を社会的、政治的、経済的な側面から見た場合に、途上国ではどのような課題がありうるのかを概観する。学校だけを見ていても、学校で起きていることの全体像が把握できないことは多い。なぜなら、学校は社会のなかに存在し、社会で起きていること、支配的な価値観、経済環境などの影響を受けているからである。本章で、社会のなかでの教育の位置づけについて分析する視点を概観することで、次章で紹介する具体的な事例が、より理論的かつ構造的に理解していただけるかと思う。

西欧の教育思想と途上国教育開発への含意

（1）子どもの発見と近代教育思想のめばえ

子どもは大人になる前の不完全な存在なのではなく、大人とはまったく違った存在なのだ、と「子どもを発見」したことで知られるのは、『エミール』の著者のルソー（1712－1778）である。子どもが1つの特性をもった社会集団だとみなしたことは、その後の教育議論にもつながる極めて重要な転換である。19世紀以降、子ども時代（Childhood）には、成長のために必要な知識や経験が得られる環境を作るのは大人の義務とされた。子どもを無理に働かせることは、「児童労働」として罪悪視されたり、本来学校で学んでいるべき子どもが町でうろついているのはよくない、といったChildhoodと就学を関連付け、就学を人権と考えるようになったが、これは、18世紀に子どもという社会集団が「発見」され、のちに近代学校教育の議論が結びつけられたのである（Prout 1997；アリエス　1992）。学ぶということは、子ども時代にのみ限定された営みではなく、人は生きている限り何かしらを学んでいる。最近は、生涯学習の重要性もしばしば指摘されているし、途上国でも、成人の職業訓練や識字教育といったプロジェクトを行うNGOなども多いのだから、本来、いわゆる就学年齢人口だけが教育という「人権」を行使すべき集団ではない。しかし、18

世紀ヨーロッパでは、それまで教育は大人のもの、あるいは子どもであっても大人と同じ教育を受けることが前提であったのに対し、大人とは違う学習ニーズがある集団として子どもを定義するようになった。このことは、当時のヨーロッパにおいては、それまでの大人中心の教育観に対する問題提起だったが、現代、特に途上国では、Childhood と就学が密接に関連付けられすぎて、学校が本来の意味の学びの機会を提供しているか否かよりも、「学校」という場所に通うことばかりが重視される傾向もあるように思う。

さて、教育の社会的役割と学習者の発達のどちらに注目しているかといえば、ルソーは学習者へのまなざしが強かった。ルソーは、『社会契約論』（1762）も著し、「国家とは、個々人が互いに結び合い、権利と義務に基づく契約をすることによって成立する」と述べている。このような国家と個人の権利義務関係の考え方は、しばしば、権利を行使し、義務を履行するために、市民に民主的国家での役割を教えなければいけない、という社会的教育観につながりやすい。しかし、ルソーは、教育に社会的な目的をもたせることは考えず、人がいつ何を学ぶかは、発達段階によって自然に決まっているので、外的に強制するのでなく、子どもが内なる自然に導かれて何かを学ぼうとする時、その成長が歪められないように見守るべきだという消極的教育を提唱した。子どもの内なる動機に関連付けて教育を行うべきだという考え方は、19世紀後半から20世紀に展開された児童中心主義の教育運動にもつながるものである。

同時に、ルソーの活躍した18世紀には、市民革命を経て、教育は、市民の役割を人々に理解させるために社会的な目的を果たすべきだと考えた思想家もいた。そのような思想家の筆頭はコンドルセ（1743―1794）であるが、彼は、「公教育は人民に対する社会の義務である」として、市民社会の秩序と制度を維持するため、国家による義務教育は不可欠であることを訴え、フランス公教育の礎を築いた（コンドルセほか 2002）。

教育が秩序を維持するための社会的役割を有すると考えるのがコンドルセらであるとすれば、同じように教育の社会的役割に注目しつつ、その目的は、秩序を維持することではなく、改革することだと考えた同時代人は、ペスタロッチ（1746―1827）であろう。ペスタロッチは、貧民のための学校を自ら創設し、貧しい子どもも、よく世話をされ上手に教えられれば、裕福な子どもと同じように学ぶことができることを示し、教育という手段によって、民衆の生活の徹底的な内的革新を図ろうとした。1人ひとりの民衆が自立することが社会変革につながるという発想は、教育の社会的役割と学習者自身への意義を分離せず、一連の流れでとらえる見方ともいえる。ペスタロッチは、学習者の自立を促

図表2－1　18世紀教育思想の比較

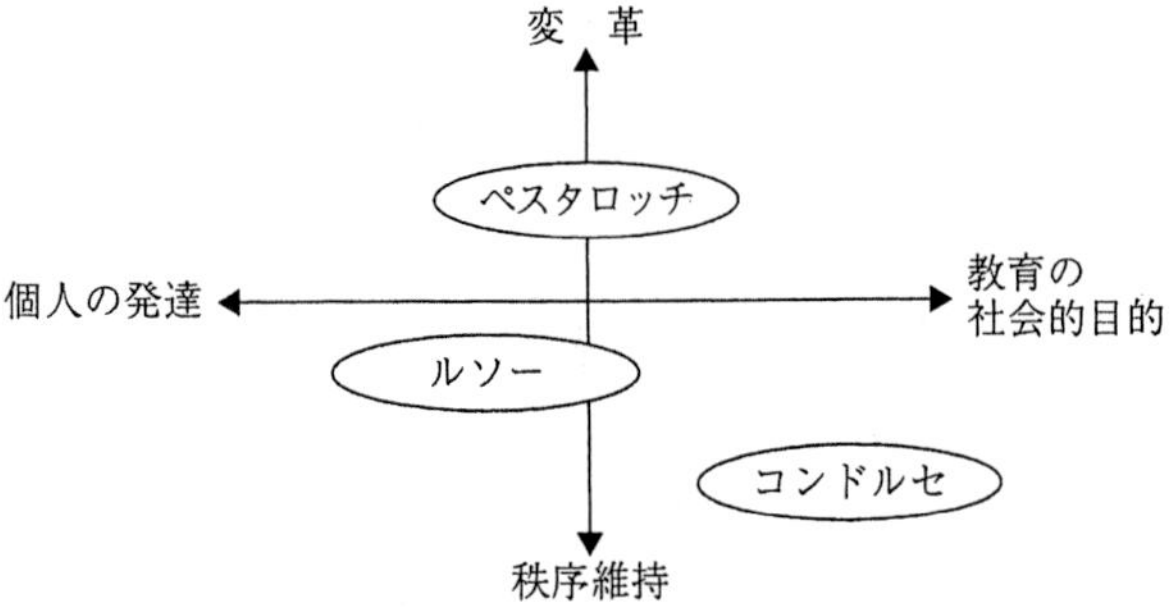

す教育を、知性だけでなく、道徳や、経済的に自立するための職業教育まで含めて考えていた。

知識の伝達だけを教育とはみなさず、生計を得るための技術の習得や社会性を身に付けることも含めて総合的に人を育てるという考え方は、教育思想を勉強すれば必ず出てくる。しかし、後述するが、この点も、途上国の教育開発の議論ではしばしば忘れられ、科目ごとの教科書、教員の質が高く、生徒の試験の成績が上がっているかばかりが注目されがちである。

図表2―1に、読者の理解を促進するため、18世紀の代表的な理論家の考え方をマッピングしてみた。個人の発達と社会的目的のどちらか一方だけを教育の意義と考える立場はほとんどなく、どちらをより重視するかの程度の違いである。また、これらの理論家について深く研究している方々からすると乱暴な分類であ

ることはお許しいただきたい。

（2）発達心理学

ルソー以降、ひとの発達段階に応じた教育が必要だという考え方は、ヘルバルト（1776—1841）、ピアジェ（1896—1980）やフロイト（1856—1939）といった心理学者の分析によってより詳細に理論化され、子どもの成長段階が細かく区分されていった。ひとが新たな知覚や観念を理解するためには、すでに経験していることに関連付け、積み上げていく必要がある。したがって、教育を行う場合には、教師は、生徒が蓄えている経験、知識に新たな教材をつなげる必要があると、ヘルバルトは、教授の5段階説（予備、提示、比較・抽象、概括、応用）を唱えた（ノディングス 1998、35—61ページ）。

「学習」と「教授」のどちらに重点を置くかで、発達心理学に基づく教育観は、児童中心主義に向かうものと、学習者に対して外から規範や学ぶべき内容を提示するという意味で、社会的目的を重んじる方向に向かうものがある。ペスタロッチは、学習者の内発的な学びを重視する児童中心主義の祖といわれる半面、道徳や職業技術など、学習者にとって必要と思われるものを教える側が選び与えるということもしていた。[1]

このような「学習」と「教授」に関する考え方の違いは、段階的発達が、どの程度遺伝的なもので、どの程度は環境との関わりによって左右されるのかについての考え方の違いにも関わる。仮に遺伝的要素が強いのであれば、発達の個人差は先天的条件によって決まっており、学習過程が発達に及ぼす可能性は少ないことになる。しかし、実際には、人間は、環境からの学習によってさまざまなことを身に付けている。ペスタロッチは、人間は、生まれながらの生物学的基盤の上につくられる「自然の作品」であると同時に、人間的交流や社会的環境を通してつくられる「社会の作品」でもあり、さらに最終的な自己規定においては、自己の決断と責任において作り上げる「自分自身の作品」なのだと述べている（曽我　２００８ａ、13―15ページ）。

（３）児童中心主義、新教育運動

子ども自身の内面の成長そのものが教育の目的なのだ、と考える人々を、一般に児童中心主義の教育哲学者という。そもそも子どもは生まれながらにして善性をもっていて、外からいろいろと干渉しなくても、子供自身の内側からの発達を見守り、促すことが教育なのだ、といったのはルソーである。19世紀以降、子どもをキリスト教的教条主義から解放し、子ども自身の能動的な学習に注目しようという動きは、旧来の社会通念や構造に対する挑戦という意味あいももち、影響力のある思想家が生まれた。その1人は、エレン・ケイ（1849―1926）であろう。エレン・ケイは、『児童の世紀』という本を書き、教育を子供の立場から見直すべきだと述べた。

一方、20世紀初頭のアメリカでは、しばしば児童中心主義の系譜にも位置付けられる新教育運動が生まれた。アメリカの進歩主義教育の旗手であったデューイ（1851―1931）は、シカゴ大学、コロンビア大学で教鞭を取り、シカゴ時代には、自らの教育思想を実践する実験校も運営した。20世紀初頭には、コロンビア大学ティーチャーズ・カレッジに世界各国の若き教育者が留学し、デューイのもとで学んだ。同カレッジがアフリカ、アジア等の教育に及ぼした影響は極めて大きいといわれているが（Fleishce 1995）、そのなかでも、デューイの教育をそれぞれの国にもち帰って適用しようとした人々は多かった（Wang 2007）。日本でも、新教育運動の影響を受けた大正自由教育運動が生まれ、玉川学園、和光学園、成城小学校、明星学園、成蹊小学校など、現在にも続く私立学校が数多く設立された。ただし、日本では、神道を政治的にシンボル化して統治機構をつくりあげたため、児童中心主義や新教育思想は、本質的には日本には受け入れられなかった。いまに生き残っているかに見える日本的新教育は、日本の神道的天皇制との妥協を経たものである。

デューイは、子どもが成長すること自体が教育の目的だ、といっており、また、教える内容については、学習者の能動的な興味に合うような学習経験を教師が用意すれば、子供は興味を追求していく過程で多くのものを学ぶ、と考えた。学びの契機を子どもの内面に求め、外に教育の目的があるのでなく、学習者の成長を目的と考える点では、児童中心主義と同じ志向性をもつ。一方、デューイは、学校は、生徒が民主主義的な社会生活に参加し、体験を通じて民主主義国家の一員となるべく準備する場であるという考え方ももっており、これは、子どもに対して、自らの属する社会の価値観や文化を伝達するという、教育の社会的機能に着目する考え方でもある。デューイは、子どもは社会との関わりのなかで成長すると述べ、子どもの内面だけでなく、環境的要因にも配慮する必要を訴えた。多くの教育理論において、児童中心か、社会的価値の伝達のどちらか一方だけで教育が成り立つとは考えられておらず、要はどちらがより主張されているかという程度の差ともいえる。

なお、デューイや彼が主導した新教育運動では、学びを科目ごとに人為的に分割することは特に必要ないと考えており、伝統的な科目を否定しないまでも、学習者の興味に応じて境界線なく、いろいろな種類の知識を、体験を通して積み上げ、以前の体験と関連付けることで知識を有機的かつ総合的に広げることを意図していた。近年、途上国の教育について、「児童中心主義＝生徒に発言させる、グループワークをする」といった技術的な議論がしばしば聞かれるが、まず第一に、そのような教授法をすることは、学習者の興味を高め、学習効果を上げるための手段であって目的ではないこと、第二に（そして最も重要なことは）、教育思想史のなかで行われた児童中心主義の議論は、科目に細分化された知識の習得という教育の機能的な側面だけを問題にしていたのではなく、むしろ、学習者が人間として成長するために、内発的動機を大切にする、という発想であったことを忘れてはならないだろう。

デューイの「体験を通じた学び（learning by doing）」という考え方は、アメリカの黒人やヨーロッパの支配を受けたアフリカの人々などに対する人種差別的な職業教育の正当化にも利用された。黒人やアフリカ人は、彼らの置かれた社会経済的状況に見合って、最も必要とされる単純技術の労働力として雇用されるべく訓練されるべきで、自分のバックグラウンドに関わりなく、高度な知識ばかりを詰め込んでも、頭でっかちで使えない、反抗的な人間になってしまう。だから、彼らには、単純な技術と、柔順さを「体験を通じて」学ぶ学校こそがふさわしい、という考え方である（Yamada 2008）。「あの有名なデューイもそういっている」と部分的に引用されてしまう危険がここにはある。それと同時に、教育は何のためにあるのか、というのは極めて価値判断に依存するものであること、同じ手法でもまったく違う価値観に基づいて使われる可能性があること、理念と手法は自動的に同じものを指すわけではなく、いろいろな形で組み合わされていることを指摘したい。

（4）国家主義的な教育思想

児童中心主義や新教育運動は、公教育制度に対する批判から生まれている。そのことは、とりもなおさず、ヨーロッパにおいて、国家が確立するに従って、国家の機構の一部としての学校制度が、多くの子どもとその家族のあり方に、良かれ悪しかれ、大きな影響力をもつようになったということを示している。

市民革命を経て、ヨーロッパは、単一の国民によって構成される国家（「国民国家」）の形成に向かった。1つの国家は、同じ価値を共有する民族（国民）から成るという考え方は、国民全員が共有する歴史、言語、文化を前提とした。実際には、言語や歴史的背景の違う民族集団に対し、より影響力の強い集団が支配を拡大し、統合するなかで、ヨーロッパの国家は現在のような国境線を形成していったのであって、単一の国民から成る国家ではなかった。それを、国民国家として作り上げるためには、何らかの手段を通じて価値を共有する「想像の共同体」を作り上げる必要があったといわれる（アンダーソン　１９９７）。そのような時代の要請に対して、公的教育制度は、国家に正統性を与え、近代民主国家の構成員としての権利と義務を行使する個人（市民）を形成し、近代化のための知識を伝達するという役目を担う国家装置として確立していった（関　２００９）。

こうした成立の経緯を見ると、公的な学校教育システムは、極めて国家主義的な目的をもっていることがわかる。国家を維持し、有用な市民を育成するということを第一義とし、個人の成長への配慮は置き去りになりがちである。したがって、児童中心主義や新教育運動などの思想は、公教育制度の急速な拡まりと、学習者へのまなざしの欠如に対する危機感から生まれたといいえる。他方、国家的教育を重視する立場からは、児童中心主義では、子どもの関心に応じた活動を提供することに追われて、教育内容の一貫性がなくなり、知識が十分に蓄積されないだけでなく、伝統的価値を次世代に伝えることもできないという批判がある。国家主義的な教育に見られるように、教育の社会的機能を重視する立場では、画一化された内容をより多くの人々に伝えること、社会の秩序を維持し、共通の基盤を確立するために、民主主義であれ、社会主義であれ、国家イデオロギーを受け入れ、そのなかで適切な態度、行動を取る構成員を養成するという、ある種の価値伝達装置として教育を認識するようになる。このことは、特殊な時代状況や地域だけで起きることではなく、多かれ少なかれ、公的な学校教育システムがもつ特性である。

ここまで、18世紀以降の西欧において、教育思想がどのように展開してきたかを大まかに見てきた。これらの思想は、西欧における近代化、民主主義体制に基づく国民国家の形成の歴史抜きには理解できない。西欧の近代は、集団を単位とする社会から個人と国家の間の権利義務に基づく契約関係によって形成される社会への転換期であった。児童中心主義の教育も、個人主義の目覚めが背景にあるし、国家主義的な教育観は、まさに国民国家を維持するための装置として教育を位置づけていたのである。もう1つ、ヨーロッパにおける学校教育の急速な普及に深い影響があった事柄として、産業革命による経済、人口動態の変化も挙げられる。産業革命によって機械化がすすみ、家内制手工業から、分業化された工場での大量生産が可能になると、工場で働くための大量の労働力が必要となった。

都市の労働力需要に応じて農村から人々が都市に流入すると、社会構造に変化が生じ、領主と農民の主従関係に基づく封建制度から資本家と労働者の労使関係に基づく資本主義経済が発達した。そして、農村から流入する労働者を含めて、都市の新しい社会秩序を形成するために、教育は大きな役割を担うことになる。

個人主義、技術進歩、民主主義、国民国家…。これらのキーワードは、現在我々がよく知っている教育思想の根底に確実に存在する。それは、西欧社会においては歴史の必然であり、異なる立場から教育についての議論が行われたこと自体も、その共通の歴史的基盤の上でのことである。

ところで、現在、世界各地を見ると、学校教育、特に政府が運営する公教育制度というのは、国語・数学・英語・理科・社会といった科目編成や、数十人の生徒に対して1人の教師が黒板を前にして授業をする形態、小学校・中学校・高等学校・大学といった学制、カリキュラムでカバーする内容など、極めて共通性が高い。理論の発展の経緯は特定の地域の特定の時代背景に関わりが深いのに、制度自体はその制度が生まれた西欧以外でも広く普及している。このことは何を意味するのだろうか。「西欧によって制度を押しつけられた、本来我々はこういうものは必要なかったのだ」というのは、独立直後の旧植民地の活動家や理論家が、教育制度に限らず、近代国家体制のあらゆる側面に関して、しばしば提起した議論である（ポスト植民地主義）。しかし、そういう議論をする知識人自身が、西欧式の近代学校教育を受け、ヨーロッパ的なものの考え方を内面化した人々であることが多く、「植民地支配の影響から解放されるべきだ」という発言がもつ政治的含意が大きい割には、現実的に、学校教育が外から入ってきた制度だからといって、本気で排除する気がある指導者はまずいない。他方、日本の学校教育の歴史を見てもわかるが、外部者がもち込んだという場合だけでなく、その社会の人々が自ら西欧の制度について調査し、必要であれば専門家を「お雇い外国人」として雇用し、積極的に取り入れている例も少なくない。

学校教育は、なぜここまで世界的に共有された文化になったのか。そしてそれは、個々の社会においてどのような意味をもつのか。このことは、単なる学問的興味ではなく、途上国において、世界的に認知された教育モデルを普及し、途上国の教育がＥＦＡのような国際目標の達成に近づくよう支援する「教育開発」が、どのような影響をもちうるかを考えることでもある。私たちは、学校教育について、あまりにも多くのことを自明視しているのではないか。学校という空間に同じ年代の子どもの集団を毎日集めて教育することは、科目内容の習得という、明示的な目的だけでなく、学校体験を通じたさまざまな影響を子どもやその社会に及ぼしているのである。そうしたことを考えると、それぞれの社会で、近代学校教育がどのように始まり、展開していったかは、現在、学校がその社会でどのような意味や役割をもっているかを知るために非常に重要だといえる。

そこで、以下では、ヨーロッパ、日本、アフリカという3つの地域を例にとって、学校教育の歴史を簡単に振り返ってみたい。もちろん、それぞれの地域のなかで、学校教育の普及は均質ではなかったし、導入されたプロセスも、そこでの体験も、一般化することは困難である。ここで概要を示すのは、詳細な状況を紹介するというより、本書の後段での議論をより具体的に考えてもらうための材料としてである。

学校の歴史

(1) ヨーロッパにおける公教育の発展

公教育は、ヨーロッパでは、18世紀頃に出現し、19世紀に制度化が進んで、19世紀後半に義務教育制度が確立するに至った。近代以前は、教育は一部の特権階級が受けるもので、制度として確立されていなかったのだが、それを労働者をも対象とする国家規模の事業とするにあたって、教育は、特権や強制で行われるものではなく、その国や社会において生きていく上で、最低限必要な基本的人権なのだという考え方が一般化することになった。権利であるから、公的機関が制度として保障しなければならないというのが、公教育を正当づける普遍的原理として承認されるようになるのである。「義務教育」とは、子どもに教育を強制するということではなく、子どもの教育を受ける権利を保障することは保護者および国家の義務であるという考え方で、この「義務教育」の裏返しとして、教育の無償化が進められるようになった。すなわち、義務である以上、保護者の経済的負担能力や、その他の事情によって子どもの就学機会が制限されてはならないので、子どもを学校に行かせることが困難な場合には、何らかの支援策が必要と考えられたのである。また、公教育はすべての国民を対象として行われるものであるから、特定の政治的、宗教的立場に偏らず中立であるべきだともされた。こうして義務性、無償性、中立性は、公教育制度の根幹を支える原理となったのである（曽我　2008b、205―209）。

ヨーロッパの公教育は、中立性、平等性という原則を打ち出しつつ、労働者の子どもを収容し、統制することを目的としていた。大量に流入した労働者は、それまで都市にあった秩序を乱し、治安を悪化させると考えられた。工場で働く大人に対し、子どもには行く場所がなく、路上でうろうろしていると善からぬことをするようになる。また、そのように野放図に育った子どもは、成長して工場で働いても、規律が守れず、生産ラインを乱す可能性がある。そのため、子どもが行く場所をつくり、そこで将来、分業化された工場で効率的に働く規律正しい労働者を育てようとしたことが公教育の当初の大きな目的の1つだったのである。

イギリスでは、1870年に初等教育法（フォスター法）が制定された。それまでも、すでに多くの篤志家や宗教組織が学校教育を社会福祉や布教活動の一環として行い、政府はそれに対して補助金を付与するという形で支援していた。しかし、国家制度として学区や学校委員会を設置し、教育内容を基準化し、義務教育制度としての一歩を踏み出したのはこの初等教育法の施行からである（Davin 1996；Rubinstein 1969）。その成り立ちからして、イギリスの公教育制度は、社会階層間の序列が明確であり、パブリック・スクール（公立ではなく私立の全寮制学校）での支配階級のためのエリート教育と公立学校での教育では、育成しようとする人物像がまったく違ったのである。こうした階級化された教育制度に対する批判は当時からあったが、労働者階級の側も教育を受ける機会を強く求める動きがあったことは事実であり、上からの要請と下からの要求双方によって、学校教育が拡まっていった。フランスでは１８６７年に初等教育法、ドイツでは１８８８年に民間学校国庫補助法が制定され、子どもの就学の権利を認め、学校無償化を伴う近代公教育制度の基礎が築かれた。

「学級」を明確に区切り、担任と生徒を固定化し、教育内容、時間と場所をあらかじめ計画するということは、それまでの場当たり的な教育とは異なった。教育内容を単元に分けて整理することは、工場労働を分業化するのに似て、教師の教授活動をマニュアル化、規格化した。そして、学習到達度の目標が設定され、それに従って、生徒の達成度が評価され、それに応じて生徒は振り分けられた。競争、進歩、効率化、という産業革命以降に浸透した資本主義原理が学校の運営方法にもあてはめられていくのである（柳　２００５）。リッツァーが『マクドナルド化する世界』のなかで、ファーストフード産業を例に、生産工程を細分化、マニュアル化することで、企業は生産の効率を上げ、世界中で均質なサービスを提供するようになり、そのために、世界各地の文化の画一化が生じていると指摘したのは１９９３年である。しかし、柳も指摘しているように、学級のマクドナルド化はすでに19世紀ヨーロッパで起きており、その規格化された近代学校教育モデルが後年、世界各地に普及し、世界の教育制度の類似性が高まっていったのは、ある意味、グローバル化の必然ともいえるのかもしれない。

1990年代以降、「万人のための教育」（EFA）目標のなかでも最も推進されたのは、初等教育を無償・義務化し、すべての就学年齢児童が学校に行くようにする（初等教育の普遍化 Universal Primary Education：UPE）というものであった。この目標達成に向けて、多くの援助が投入され、途上国政府自体も、初等教育への予算配分を増大させた。その結果、特に2000年代前半から中盤にかけて、多くの途上国で就学率の劇的な増加が見られたのであるが、このUPE推進の過程で、多くの途上国政府は初等教育の授業料撤廃を宣言した。この近年の教育協力の動向の背景にあった、教育を基本的人権とみなし、公教育の義務化、無償化を進める発想の根源は19世紀ヨーロッパにある。

（2）日本における近代学校教育の発展
日本では、古代律令制の時代から、官吏養成のための教育機関（大学寮）があり、貴族の子弟に儒教的教養を教授していた。また、仏教寺院では、学問僧の修行・研究が行われていた。鎌倉・室町時代以降に、貴族に代わって武士が政治的、社会的な権力をもつようになると、教育においても、貴族の道徳的理念に代わり、武士の道徳・倫理や価値観を伝える教育が主流になっていった。江戸時代には、幕府や藩が、武士階級の子弟を対象に、統治者・指導者としての徳性を鍛える朱子学を教育するための学問所や藩校を設立した。一方、庶民に対しては、読み書き算盤などの実用的な知識を授ける寺子屋が普及した。幕末期には、276のうち、255の藩で藩校の存在が確認されており、1854―67年の間に寺子屋は全国で4、293開設されていたという（中野　1996、53―54ページ）。このように、日本では武士、商人を中心に、一定の場所に集まって学ぶ習慣が根付いていた。また、文字の読み書きをする階層が定着しており、国家教育制度の導入以前から、文字文化、学び舎の慣習はあったと見ることができる。

明治維新後間もない1871（明治4）年に文部省が設置され、1872年の「学制」布告をもって日本の近代学校制度が始まった。江戸時代の身分制度が崩壊し、階級によって学ぶ内容や仕組みが違うという従来の教育システムではない、近代的な教育への希求は、大衆にも広まっていたであろう。それと同時に、明治政府は、1日も早く近代国民国家として西欧諸国に伍していくために、欧米の教育制度を取り入れようとした。このとき、日本に蓄積された教育史的遺産は継承されず、近代教育制度の導入は、思想的、制度的断絶をもたらした。日本における近代学校は、江戸時代の寺子屋や私塾のように、人々が自主的に、外国から取り入れた知識や日本にある思想・知識を学ぼうとつくったのではなく、富国強兵策の一環として国家主導で作られたものであり、学校で教えられる知識も、民衆の生活に根ざしたものではなく、国家建設のための国民意識を醸成し、西洋から学問、技術を取り入れる、という目的のために国家が選定したものであった。

日本の学校制度は、米国をモデルにし、小・中・大学の3レベルから構成された。また、行政制度はフランスから取り入れ、全国を学区に分け、学区ごとに学校を設置して、それを中央集権的に束ねるという制度を確立した。外国人の技術者や専門家を雇ったり、留学生を派遣するなどして、自ら欧米のさまざまな制度を学び、それを日本の実情に合わせて部分適用するというのは、明治期の日本の近代化の特徴であり、近代教育制度の導入についても、宗主国の教育制度がそのまま持ち込まれた植民地などと成り立ちを異にする。しかし、同時に、西欧の学校教育の特徴は、明治学校制度に明確に見ることができる。1人の教師が教壇から大勢に講義する一斉教授法、団体の規律と権力への柔順を旨とする道徳教育（修身）と軍隊的訓練は、後年、極めて日本的な軍国主義教育に発展していくが、元をただすと、おそらくモデルはイギリスで生まれたランカスター方式である（Lancaster 1805）。

初代文部大臣森有礼は、1890年に教育勅語を公布した。教育勅語は、儒教の教えや日本の古典などに基づき、日本国民のあるべき行動規範を示し、天皇への忠誠や愛国心を強調した。勅語のコピーは、天皇、皇后の写真（ご真影）とともに全国の学校に配布され、儀式などのたびに読み上げられた。教育勅語自体に強い軍国主義的色彩があったわけではないが、全国津々浦々の学校に配布されたことの国家教育制度全体への影響力は大きく、やがて、皇国主義教育が強力に推進されるようになると、勅語とご真影は、天皇および国家の権威を象徴的に示し、教師及および生徒の心を支配していくようになる（Suzuki 2009）。

日本における教育制度の拡大は目覚ましかった。1886年の小学校令で尋常小学校4年間の就学を国民の義務と定め、1898年には、義務教育就学率は69％に到達した。この年、小学校の授業料撤廃（無償化）が決められ、義務教育段階では、試験による進級ではなく、自動進級制に切り替えられた。また、1907年には義務教育の年限は4年から6年に延長されたが、その就学率も明治38年には95・6％に達している（文部省　1972；斉藤　2005）。

欧米で、19世紀以降、児童中心主義や新教育運動が起こったのは、公教育の画一的で国家主義的な性格に対する批判からであることはすでに述べた。日本においても、このような急速な公教育の展開に対して、疑問を投げかける人々もいた。さきにも触れた大正自由教育運動は、そうした動きの1つで、アメリカのジョン・デューイをはじめとする新教育運動の影響を受けた人々が起こしたものである。

また、学校で教えられる「国定」の知識は、学習者の生活からかけ離れている、という認識から、昭和初期に学校現場から起こった「生活綴り方教育」などの教育改革運動もあった。生活綴り方教育とは、国から与えられたカリキュラムに沿って画一的な知識を注入する（読む教育）のでなく、学習者が日常的に体験したことに基づいて学習者主体の学びを構築しようとするもので、学習者の生活体験をまず書かせ、そこから自らの状況を理解し、実践と認識を通じて学習すること（書く教育）を促進しようした（中内　2000）。

このように、日本においても欧米と同様、公教育の組織化、画一化が進む一方で、それへのアンチテーゼとしてのさまざまな教育思想や実践が生まれている。ただ、門外漢の私が、日本の教育思想の源流を知りたいと思って教育思想史の本を手に取っても、明治政府が公教育を導入する以前からのつながりはなかなか明確にならない。おそらく、国定の知識を伝える国家制度としての学校が成立するまでは、知識や教育は、もっと地域性が強かったり、朱子学、陽明学、洋学といった外来の学問から教養的な国学、より実学的な学問など、種類もさまざま、学習者の目的もさまざまで、まとまった歴史を記すことが難しいのであろう。また、これらの公教育以前の教育というのは、一般的には「教育学」の範疇を越えるのかもしれない。(2) しかし、日本語の教育哲学の教科書を読んで、タイトルに「西洋教育哲学」と書いていない場合でも、ギリシャのソクラテスやプラトンについては詳しいのに、アジアや日本の教育については19世紀になるまで登場しなかったりすると、袋小路に入ったような気がしてしまう。私がこのようなことを考えるのは、途上国にとって近代学校教育とは何かを考えると、その先に、どうしても「誰が」、「何のために」導入したのか、という疑問が出てきて、そのようにして生まれた学校教育制度は、以前に存在した教育あるいは人づくりに関する思想や実践とどのようにつながっているのかを考えずにはいられないからである。途上国のことを理解するために、まず自分の国である日本の教育思想史を知ろうとして、期せずしてヨーロッパの思想史を学んでしまうときの戸惑いはご想像いただけるだろうか。

（3）アフリカにおける教育の歴史と近代学校制度

最後にアフリカにおける教育の歴史を、学校教育導入を中心に概観しておこう。途上国といっても、植民地支配を受けた国々でも、宗主国の違い、宗主国との関係性や土地柄、文化、国民性などによって学校教育導入に関する体験は多様で、ひとくくりにすることはできない。本節では、私が最も関わることが多く、その歴史について多少なりとも研究したことがあるアフリカ、特にイギリスに植民地支配を受けた地域を事例として途上国における学校制度導入について考察してみたい。

アフリカは、1つの国のなかに何十ものエスニック・グループが存在することも珍しくない、多民族社会である。そして、多くの集団は、伝統的に文字をもたず、口承によって知識や歴史を伝えてきた。エスニック・グループの語り部は、代々、極めて詳細に集団の歴史を語り継いでいる。1970年代に一世を風靡した『ルーツ』という小説がある。アメリカの黒人作家アレックス・ヘイリーが、奴隷としてアフリカから連れてこられた自分の家族のアメリカでの歴史を数世代にわたって描いたものである。最初にアメリカに連れてこられた祖先の名は「クンタ・キンテ」で、小説は彼が奴隷商人に捕獲されるところから始まる。しかし、この話には後日談があって、実はアレックス・ヘイリーは、クンタ・キンテがどこから来たか知りたくて、西アフリカのガンビアまで行ったのだ。ガンビアで、キンテ族が住む村で、夜通し語り部に一族の歴史を語ってもらった。その結果、(語り部は歴史を部分的に語ることはないので、キンテ族の始祖から何時間も時代を追って話を聞かなければならなかったのだが)、「キンテ族の王の長男、クンタは、木を切りに行って二度と戻らなかった」という一節を聞くことができたのである(Haley 1998)。このエッセイを最初に読んだのは大学院の『教育の歴史調査』の授業でだったが、何世紀も前の1人の人物の失踪の記録が名前も特定されて口承で残っているという事実が衝撃だった。あまりに感動したので、その後人にしゃべりすぎて、私の身近な人は耳にタコができているかもしれない。何はともあれ、アフリカの口承の歴史というのは、極めて正確だし、語り部は専門の訓練を受けたプロなのである。文字がないからといって、歴史がなくその日暮らしで知識が蓄積されない未開の社会のように思ってはいけない。彼らには、口承と体験を通じた教育や文化伝達の仕組みがあったのである。アフリカに入った初期のヨーロッパのキリスト教布教師や商人などは、アフリカを無文字の未開社会と考え、アフリカ人を見下したり、啓蒙して未開状態から救ってあげなければ、と奉仕精神をもったりしたのだが、そのことがもたらした間違いや害悪は枚挙にいとまがないのである。

さて、アフリカには文字をもたない集団が多かったが、なかには、文字をもち、制度化された学校をもっている集団もあった。エジプトには、紀元前2000年代の寺院に始まる古代の神官、行政官、学者の養成所があった。ペル・アンク（Per-ankh）と呼ばれたこの高等教育機関には、ギリシャを含む地中海、アラブ世界から多くの研究者が集まったという（Lulat 2005）。また、エチオピアには、エチオピア正教というキリスト教の一派があるが、教会に付属する教育機関では極めて組織的に基本的識字教育から高等教育まで行っていたという。また、こうした教育を通じて、エチオピアでは、エチオピア正教信者を中心に、アムハラ文字を使う文化が発展した。また、7世紀頃からは、紅海を挟んだ対岸のアラビア半島からアフリカ大陸にイスラム教が伝わった。イスラム教は、サハラ砂漠を越えて旅をするイスラム商人とともにアフリカ大陸の西岸まで広まり、それとともに、イスラム教育制度（モスクに付属するコーランの暗誦や基本的アラビア語の読み書きの学校から僧侶を養成する高等教育まで）も各地に出来上がった。これらの「近代化前」のアフリカの教育制度の特徴は、政教不分離で、宗教の教えを伝えたり僧侶を育てることと、政治機構を担う世俗の知識人の養成が一緒に行われていたことである。教育というのは、当たり前のことだが、現実社会に根ざしていなければ存続できない。宗教界であれ世俗であれ、教育制度で伝える知識がなければそこでうまく生きていけないとか、教育で得た資格を活用して栄達できるといった、社会構造全体とかみ合ったところで教育は個人にとっても社会にとっても意味をもつものである（山田　2004）。そうした妥当性をもった高度な教育制度が、「近代化前」のアフリカには点在していたのである。

このような伝統的な教育制度がある一方で、15世紀頃からは、ヨーロッパから貿易船などが訪れ、貿易拠点を中心に、事務的な仕事や通訳をするアフリカ人を養成するために、ヨーロッパ言語の読み書きや計算を教える学校が作られるようになった。アフリカにおけるヨーロッパの影響は、地中海を挟んでヨーロッパと向かい合っている北アフリカの一部の地域を除き、大航海時代以降に、ヨーロッパ人が船で乗り付けた海岸部を起点に徐々に内陸に広がっていった。当初はアフリカ人商人が内陸から運んできたものを拠点で交易するだけだったのが、天然資源や奴隷などの商品への支配を強めようとしたヨーロッパ人は、徐々に内陸部に進出していく。また、それと同時に、宣教師たちは、「野蛮で遅れた」アフリカの人々の精神を救済するという大義名分のもと、アフリカ社会により深く入っていった。布教の一貫として、彼らは学校を建設した。当初は、宣教師の作る学校に子どもを行かせると、人質に取られるのではないかとか、伝統を軽んじるような人間にされるのではないかといった警戒感から、地位の高い家の子弟は学校に行かなかった。しかし、やがて教育を受けた人々が、ヨーロッパ人の企業や、次第に支配を強める植民地政府でホワイトカラーの仕事を得て新しいエリート階級を形成するようになると、大衆の教育への欲求は高まりを見せていく。

アフリカで、いわゆる公教育制度が成立するのは、19世紀末頃からである。ヨーロッパ人の支配は点から面へと、領土を伴うものに発展し、それとともに、特に東・南部アフリカにはヨーロッパから多くの移民が定住した。また、アフリカの広大な土地にある天然資源や植物、労働力、そして市場はヨーロッパ諸国にとって魅力であり、各国は、外交的な手段で、アフリカ人首長と協定を締結し、事実上の属国化したり、従わない民族集団は軍隊によって武力で制圧した。このように各国が競争でアフリカに支配を拡げた結果、ヨーロッパの国々は、アフリカ各地で、支配権をめぐって武力衝突するようになる。ヨーロッパ列強のアフリカでの覇権争いを収めるため、植民地支配の枠組みを合意しようと開催されたのが、1884年のベルリン会議である。この会議は100日にもわたって紛糾したが、その結果、参加した14カ国のどれかがアフリカで新規の領土を併合するときには、ベルリン条約調印国に通告し、利害調整を行ったうえで、併合地域に実体ある権力を確立しなければならないとの合意がなされた。これによって、アフリカはヨーロッパ諸国に分割されただけでなく、それまでヨーロッパ政府に委任された特許会社や軍などが散漫に支配していたアフリカを、ヨーロッパ政府が直接、かつ組織的に支配することになったのである（宮本・松田　1997；岡倉　2001；山田　2008a）。このように植民地を「統治」するという発想が出てきたときに、教育も、キリスト教布教団体などがバラバラに行うのでなく、国家行政制度として、政策を作り、必ず教えられるべき内容や教育環境の質、教員の資格などの基準をつくり、視学官が学校視察をして評価をする、という形が作られていった。

20世紀初頭のアフリカの教育議論を見ていると、「誰に」、「何を」教えるべきかということを、「誰が」いっているかは、政策形成に大きな影響をもつことがわかる。たとえば、私は英領西アフリカのゴールドコースト（現在のガーナ）で、アフリカ人エリートを養成するという目的で植民地政府が作ったある中等学校について調査したことがある。鳴り物入りで作られたモデル校だったので、ゴールドコースト植民地政府はもちろん、イギリス本国の教育学者、キリスト教団体、本国の植民地省を巻き込んで、設立前から（むしろ設立前こそ）活発に、そこで行うべき教育について議論がなされた。当時のゴールドコーストには、すでにヨーロッパ式の教育を受けて、ヨーロッパの大学に留学した医者や弁護士といった知識層もいたし、伝統的首長も教育には一家言あったので、さまざまな立場から意見が戦わされたのである。ヨーロッパ人の行政官は、「アフリカ人にあまりヨーロッパ風の教育を与えすぎて、彼らの生活やバックグラウンドとかけ離れてしまうと、大衆とのつながりがなくなって、ただ植民地政府に反抗するだけの頭でっかちになってしまう」と考えた。キリスト教布教団体の人々は、「アフリカ人が〝不道徳で遅れた〟慣習におぼれないために、キリスト教的道徳観を教えて、悪しき慣習を放棄させなければいけない」と思っていた。アフリカの知識人は、「伝統を捨てるのはよくないが、ヨーロッパ人より劣る教育しか与えないのは、我々の成長を故意に抑え込もうという陰謀だ、ヨーロッパ人とまったく同じ近代教育を受けさせるべきだ」と考えた。たとえば、歴史の教科書を1冊作るにしても、「どのエスニック・グループの逸話をどう取り入れるか、何が捨てるべき悪い慣習で、何が学校で教えられる良き慣習なのか」という価値判断が入る。アフリカで公教育制度が導入された当初に起こっていたのは、そういう価値判断のフィルターを通して、ヨーロッパの学校教育モデルをアフリカ向けに適応していくという作業だった（山田　2005）。

「何を教えるべきか」の判断は、どこでも起きている。日本の明治期でも、教えられる科目や学級制、単元ごとの達成目標に基づくカリキュラム構成など、西欧近代教育のモデルをそのまま取り入れている半面、道徳（修身）を筆頭に、日本の国家主義的な国民形成の目的に沿って、教育の実践はヨーロッパとは違う独自の発展を遂げた。ただ、アフリカでは、「何を教えるべきか」が非常にしばしば、アフリカ人以外の人々によって決められていたという特徴がある。伝統を残しつつ近代化を進めるというときに、日本では、日本の権力者が、皇国史観というものを編み出し、それを柱にしつつ近代化を進めたが、アフリカでは、何を残すべきなのかを、ヨーロッパの基準で判断し、「伝統」を再構築している(Ranger 1983)。アフリカの知的エリートも、教育議論には活発に関わっているのだが、それでも、植民地の被支配民が政府の教育政策形成に及ぼせる影響は限られていたであろう。

第二次大戦後、多くのアフリカの植民地は独立し、１９６０年代は「アフリカの10年」といわれた。独立運動を主導した政治的リーダーをはじめ、学者、作家、芸術家など、多くの知識人が、植民地宗主国に押しつけられたものを排除し、アフリカの政府、そして教育のアフリカ化（Africanization）を進めようと訴えた。こういうアフリカ化の議論は、独立直後のみならず、現代でもしばしば起こるのだが、欧米型の教育を無批判に受け入れてはいけない、アフリカにもともとあった教育はこんなものではなかった、というノスタルジーが強い反面、では、具体的にどうやって〝原点に帰る〟のかといえば、伝統的儀式に参加する、伝統的な衣装を着る、座学と実践的な学習を組み合わせる、コミュニティを教育に巻き込む、など、教育適応の議論としては月並みで、具体性に欠けることが多い（たとえば、Tedla 1995）。

さきに、日本では、もともとあった伝統的な教育や人づくりの思想が、近代学校制度に移行するときにどのように取り入れられたのかがわかりにくく、断絶しているように見えると述べた。こうした「近代化の断絶」は、アフリカにおいてはさらに顕著である。特に、多くのアフリカ社会が無文字社会であったことも、植民地時代以前の教育がどんなものであったかを掘り起こすことを難しくしている。それに加えて、ヨーロッパ人は、ヨーロッパ中心主義的価値観でアフリカ社会の「向上・感化」を志向し、善意であったかもしれないが、アフリカ社会の価値観、男女間や家族の関係、首長を中心とした伝統的組織を内部から変質させてしまった。学校では、ヨーロッパ的価値観のフィルターを通して「アフリカ人のために」整備された教科書やカリキュラムが使われた。このことは、教育を受けたエリート層自体が、「近代化の断絶」の産物であって、彼ら自身に「アフリカの伝統」の根がない、という状態を作り出した。エリート層は、学校でアフリカの言語を使ったり、伝統を守ることを教える必要を主張しつつ、自分の子どもは英語で教育する、学費の高い私立校に通わせていたりすることも少なくない。そもそも、学校というもの自体が極めて外生的であるなかで、いわゆる伝統的社会構造に根ざした「学校」教育というものが、現代のアフリカにおいて、社会的に意味のある形で存在しうるのだろうか。一度断絶したものを再構築することは難しい。もともとあったアフリカ的な教育とは何なのか、学校教育をアフリカ化するとはどういうことなのか、私自身、答えを求めつつ得られずにいる疑問である。

社会における教育

さて、本章では最初に、教育の目的やそれを達するための方法について、理論家の異なる立場を対比しつつ学説史を概観してきた。教育学とは、どのような人間を育てるべきか、そのためにはどのような方法が適しているのかを論じる学問である。すでに見たように、教育の本来の目的や役割については、教育学者の間でも統一した見解があるわけではない。たとえば、教育は誰のために行うか、という点では、大まかにいうと、（1）教育は社会（国家）のため、という考え方と（2）教育は学習者自身の成長のため、という2つのグループに分かれる。個人か社会かどちらか一方にのみ資する教育を志向する理論家や国家指導者はいないのであって、多くは、その両者をどこでバランスを取るかについて考察を巡らしている。しかし、基本的にこれらは「べき」の議論である。しかし、あるべき教育を実現するために、いかに理想的な教育環境を作っても、意図したような結果になるとは限らない。また、何を教育の目的とすべきかについての考え方も、時代や社会の置かれた状況によって影響を受ける。公教育制度が、それが生まれた19世紀ヨーロッパにおける資本主義経済の目覚めとそれに伴う産業構造の変化や人口移動、国民国家の形成を抜きには理解できないように、他の地域でも、社会、文化、経済などとの関わりのなかに教育を位置づけて考えないと理解できないことは多い。このことは、前節で比較したヨーロッパ、日本、アフリカにおける公教育制度の始まり方の違いを見てもわかるだろう。

そこで、本節では、少し、社会学的に教育を分析する視点を提示してみたい。社会学とは、教育を含む社会の諸側面が人々の生活や文化、経済、政治、価値観などとどのように関わり、社会全体を構成しているかを「観察、説明」しようとする学問である。したがって、教育社会学者は、「べき」の議論を行っている人々までをも分析の対象とし、そうして形成されたカリキュラムが実際に教育の現場でどのように体験され、それが学習者や親、教師、さらには社会にとってどのような意味をもつのか、ということにこそ関心がある。

教育にはさまざまな形態があるが、特に学校は、教科の知識を伝えるだけでなく、同じ年齢の子どもが毎日集まる「場」として、明示的であれ暗示的であれ、人格形成や社会の価値の伝達に大きな役割を担うからである。

（1）教育の再生産機能

教育は、しばしば、社会秩序や階級を再生産するといわれる。好むと好まざるとに関わらず、教育（特に学校）は、為政者や支配的な社会グループが教えるべきだと思う知識を伝達するチャンネルになるし、教育を受けた親の子どもは早くから教育機会に恵まれ、結局、国家の意思決定に関わる階層に属する可能性が高い。教育の再生産理論では、教育は、人々が、支配的な価値観や社会構造を内面化し、それによって社会・文化が維持されていくプロセスにおいて、重要な役割を果たしていると考える。

社会学者のなかには、教育も社会が円滑に1つの有機体として機能するためのパーツの1つであり、他のパーツと作用し合って現状を持続させるのに貢献する、という考え方の人々がいる。マックス・ウェーバーの『プロテスタンティズムと資本主義の倫理』を読んだことがおありだろうか。ウェーバーは、18～19世紀にヨーロッパで資本主義が発展したことは、宗教改革後に、プロテスタント教会がヨーロッパで勢力をもったことと関係があるといっている。プロテスタンティズムは、清貧を重んじるカトリックと違い、勤勉に働いて蓄積した利益は神の恩恵だという教えで、資本主義的な経済活動を信教の面から支持する役割を果たし、結果的に資本主義経済の促進に貢献したといっている。つまり、宗教や経済は、社会の異なるパーツだが、相互に影響しあって、社会全体が現状を持続したり、段階的に発展する方向に作用するというのである。ウェーバーのように、教育は社会を維持するための機能の1つだと考える社会学者は、学校の授業や、学校での生徒会活動、部活、その他の活動を通じて、生徒が、大人になってから社会で生きていくのに必要な理解力や知識、雇用を得て国の経済発展に貢献するような産業スキルを身に付け、民主主義の価値観や憲法の理念・制度などを理解することは、社会の秩序を維持し、発展するために不可欠だと見る。つまり、既存の社会の構造や価値観をそのまま「再生産」することは、教育のポジティブな役割として評価するのである。これは、今まで本章で見てきた公教育推進の考え方にも通じるものがあることがわかるだろう。

他方、教育の「再生産」機能のネガティブな側面を指摘する人々も多い。たとえば、労働者階級の子どもは、労働者階級の子どもが集まる学校に行き、同じ階級の子どもとだけ交流する、という場合がある。こういう学校では、子どもたちは、いつの間にか労働者階級である自分を受け入れて、社会構造の底辺に置かれることに抵抗すらせず、親の階級を「再生産」してしまうことがある（Thompson 1963）。

こうした状態を、搾取と抑圧の再生産であるとして、支配的な社会集団や価値に対して挑戦しようとしたのが、批判的教育学者といわれる人々である。先に挙げたフレイレの「被抑圧者の教育学」などは、ブラジルの貧しい農民たちに識字教育をするなかから、彼らが自らの境遇を考え、暮らしを変えていく力をつけさせようというもので、制度化された教育の「再生産」機能に挑戦し、変革しようという明確な志向性をもっている（フレイレ　１９７９）。また、イリイチは、既存の学校が社会の生産関係や文化的階級を再生産せずにはいないという限界を乗り越えるために、学校という枠にとらわれず、個人の自覚による学習を可能とする、より開かれた教育環境を提案した（脱学校論）（イリイチ　１９７０）。

（2）「隠れたカリキュラム」

教育が階級再生産の制度になっているという点に関連して、学歴と就学機会の問題に触れておこう。しばしば、ある国の労働力の教育水準を比べるのに、高等教育まで到達した人の割合などを指標に使うことがある。教育資格を技能の習得つまり実力のバロメーターと想定するので、学歴の高い人材ほど、収入も高く、国の経済発展にも貢献すると考える。特定の教育段階、あるいは特定の教育課程（技術科、職業科、普通科など）を修了したということで人材の能力を数値化して測る方法で、一般的に人的資本論といわれるものである。この考え方に対し、教育資格と実力は同一ではない、あるいは、教育を受ける機会が平等でない社会では、学歴によって仕事を割り振られることは、公平性に欠ける、などといった批判がなされている。先の労働者階級の子どもの例のように、子どもの教育の機会は、階級、人種、性別、家庭の経済力、親の職業や教育歴などの要因によって左右される。また、ピエール・ブルデューによれば、教育制度というものは、ある社会の支配的な文化に精通していることを前提としていて、支配階級の子は、その社会でどういう知識が求められるか、どういう行動が評価されるかといったことを家庭で身に付けているので、支配階級の子供の方が、下層階級の子供より優位にあり、教育の場で成功し、親が占めている上流の位置を維持する可能性が高いという（Bourdieu 1974, 32）。親の教育レベルや社会経済的条件と子供の就学の関連は、多くの途上国で指摘されている（たとえば、Hashim 2005, 8）。日本にいると忘れがちだが、多民族国家の場合は、人種、民族が教育機会の差に現れることも多い。たとえば、ある地域の大多数の人々とは違う言語や宗教をもったグループ（マイノリティ）は、多数派の人々の言語で教える学校に通うか、学校に行くこと自体をやめるか、という選択をするはめになる場合がある。あるいは、学校に行っても、まず家とは違う言語を学ばなければならないために、勉強についていけなくなるかもしれない。宗教も、人々の文化や行動規範に深く関わるため、ある土地の少数派の宗教グループは、ほかの宗教を信仰する家の子が多い学校に、自分の子どもを行かせて、影響を受けるのを嫌うかもしれないし、教師も多数派の宗教を信じている場合には、宗教規範の違いによって異なる行動を取る子どもを、礼儀がなっていないと叱るかもしれない。

すでに述べたように、社会学では、学校で教えるべき知識は何かという判断は、決して価値中立的なものではなく、その社会や政策決定者の価値観に左右されると考える。また、教科書やカリキュラムに明示的に示されていなくても、暗黙のうちに伝えられるメッセージというのがある。これは、教師と生徒や生徒同士のインターアクションのなかから体験として習得される価値観などであり、一般に「隠れたカリキュラム」と呼ばれる。こうした隠れたカリキュラムは、制度化された再生産構造ではないが、目に見えない形で社会の価値観を再生産している。政治体制が急激に変わった国で、学校や成人識字教育などの場が政治的イデオロギー伝達の手段とされることはしばしば見られる。また、教育開発の議論では、教育内容を生徒の生活環境や文化に適応させることの重要性が指摘されるが、農村の学校で、授業では伝統社会や農業の重要性を教えても、教師自身が都会出身で農村生活を嫌がっていたり、生徒の社会的バックグラウンドを馬鹿にするような態度が見られると、生徒は、その、言葉にはされない都会志向を内面化することになる。

(3) 学歴と振り分け装置としての学校

学歴志向というのは、世界のいろいろなところで観察されているが、ドーアは、近代化のプロセスが始まるのが遅かった国ほどこの傾向が強いと指摘している。急速に近代化を遂げようとする国では特に、就学率が急速に拡大し、卒業証書が求職者の選別に用いられるために、学歴が急激にインフレし、学歴志向が高まるという(ドーア 1978)。また、西アフリカのガーナで調査を行ったフォスターは、中等教育(高等学校)において、生徒が何を学んだか(カリキュラムの内容)は、生徒の卒業後の職業との関係が少なく、むしろどのレベルの卒業証書をもっているかの方が就職のためには重要になってしまっていると述べている(Foster 1966)。

このような学歴志向が、途上国において、エリート階級と大衆のかい離を生んでいる。つまり、学校教育が普及し始めた初期の頃は、親の教育歴や経済力といった家庭の要因によって就学の機会が影響を受けることはなく、単にその子ども自身の学業成績によって、より高次の教育段階に行く機会が与えられる。中等教育や高等教育を受ける人々が圧倒的に少ないときには、成績優秀者のための奨学金などで、農村部の非識字者の子どもが大学や、さらには留学の機会を得るということも少なくない。植民地時代などに、最初に知的エリート層を形成した人々はこのように、本人の能力によって学校教育を続けたという例がしばしば見られる（Yamada 2009）。しかし、第二世代以降は、教育を受けたエリートの子どもは、公立よりも学費が十倍、場合によっては数十倍高い私立校に行き、現地語ではなく英語やフランス語などで授業を受け、授業の質も高いために、有名高等学校や大学への進学率も極めて高いということになる。このような傾向は、私が調査をするアフリカでは多く見られるパターンだが、これは、そもそも上位の教育段階に進学する人の数が近年まで非常に限られていたために、大衆とエリートの差が大きく、家庭環境や親の経済力のインパクトが大きいからである。

多くの途上国では、「万人のための教育」（ＥＦＡ）目標が推進されるようになった１９９０

年代以降、学校教育の就学率が大幅に伸びた。基礎教育（初等教育＋前期中等（中学）教育）段階でも、90年代以降、学費を撤廃するなどして、基礎教育の完全普及を目指した結果、公立の小・中学校の質が低下した国が多い。そのため、教育に関心があり、経済的にも余裕がある親は、子どもを私立に行かせようとする傾向が以前より強まっており、基礎教育レベルで、公立と私立の格差は広がっている。また、小学校が増えれば、中学校の需要が押し上げられ、それがやがて高等学校、大学の拡大につながるのは自然の流れである。従来、国家の将来を担う人材を養成するという名目で（実際は金持ちエリートの子弟が多いとしても）、政府がほとんど高等教育の費用を負担していた国でも、私立の大学が数多く認可されたり、国立大学に学費を多く納める人用のコースが設けられて学生受け入れ数を増やすなど、大学が大衆化する傾向にある。しかし、数の上での大衆化は、質の面での差異化を加速させてもいる。大学間の質の格差は極めて深刻になっていると思われる。

（4）ナショナリズムと教育の政治化

「国民」とは想像の共同体だ、と述べたのはベネディクト・アンダーソンである（１９９７）。もともと言語や宗教が違う人々が、同じ国民国家のメンバーであるという意識をもつためには、共同幻想を創出するための仕掛けが必要で、そのためにしばしば為政者によって用いられるのが、国歌、国旗、国民の祝日やそれに伴う国家儀式といった象徴的な行為や、言語の基準化、共通の歴史などの伝達だという。たとえば、植民地支配から独立した国家などでは、「独立記念日」があり、独立に貢献した国家的英雄の活動をたたえるが、これは、多様な社会グループに、植民地支配という共通の敵に対して「独立」のための闘争をした、という歴史認識を共有させ、国民としての帰属意識を高める効果がある。第二次世界大戦後、インドネシアの初代大統領スカルノは、まず、2、000近いといわれる数の島に点在する、宗教的にも言語的にも多様な人々を「インドネシア人」として統治するため、まずインドネシア語を統一した。現在、インドネシア語とされているものは、マレー語の一方言を標準化したもので、決して「インドネシア人」すべてが話していた言葉ではない。しかし、公用語とすることにより、この言語は、教育やメディアを通じて、国の隅々まで浸透し、国民意識の醸成に貢献した。

日本の戦前、戦中の教育で、日常的に教育勅語を読み上げたり、天皇のご真影を拝むことが、国家主義的な国民動員に大きな役割を果たしたことはすでに述べた。このように読み上げる、拝む、歌う、といった象徴的行為は、生徒の五感に訴え、本能的に国民意識を内面化することを助ける。また、同時期の日本では、皇国史観に基づいて、歴史教育が行われたが、このように学校で教えられた歴史観が、いかに日本国民を天皇に絶対的に服従する臣民に仕立てることに貢献したかは、よく知られていることである。

このように、学校は、単に機能的な知識を伝えるだけでなく、社会の価値を伝える非常に強力なチャンネルである。学校（特に小学校）は、かなり田舎の村にも、全国津々浦々に普及しているし、学校はコミュニティ・センターのような役割を果たし、日中、子どもが通ってくるだけでなく、夜に成人識字教室をやったり、ヘルスワーカーや農業普及員が技術指導をしたり、コミュニティの集会をやったりと、さまざまな目的に使われる。多くの人々が集まる学校は、人々に為政者や政党のメッセージなどを伝える格好の場なのである。私は、アフリカのガーナやエチオピアで、国政選挙の直前に学校調査をしたことがあるのだが、学校に政党のキャンペーンカーが来て、政党の選挙演説が行われ、授業は完全に中断して、教師、生徒はもちろん、周辺の村人も話を聞きに集まってくる、という様子を目撃している。

生徒の国民意識の形成は、市民教育や公民、歴史といった科目のなかでも行われるし、その他、学校行事のなかでも行われる。60～70年代ぐらいに、ラテンアメリカやアフリカの社会主義国家（キューバやニカラグア、タンザニアなど）で、教育を通じていかに独裁政権の政治的メッセージが伝播されたかについて多くの研究がなされた（Carnoy and Samoff 1990；Arnove 1986など）。たとえば、タンザニアでは、初代大統領のニエレレが、「自立のための教育（Education for Self-Reliance：ESR）」という、成人識字教育を中心とする大がかりな国民教育プログラムを実施した。ニエレレが、アフリカの伝統的価値観と社会主義思想を合成したのがウジャマー（Ujamaa）といわれる思想である。ウジャマーとは家族的連帯を意味するスワヒリ語で、ニエレレは、アフリカの伝統的なコミュニティ意識とそこでの個人の平等を基礎とした、アフリカ的社会主義を形成しようとした。ニエレレは、植民地支配は、それまでアフリカに存在しなかった不平等、階級差別をもち込んだのであり、植民地支配を排除し、伝統の価値観を取り戻すことにより、アフリカは独自の社会主義の理想を追求することができると考えた。ニエレレにとって、教育は、自己犠牲や社会への貢献といった価値観を伝えるイデオロギー伝達の重要なチャネルであった。教育は社会変革の鍵を握るとの認識から、60～70年代には、学校のカリキュラム、シラバス、教科書が改訂され、生徒の達成度評価方法の見直し、教師の再訓練などの具体的方策も採られた。実践的で社会のニーズにあった教育をするため、学校は学習の場であるだけでなく、コミュニティの社会的、経済的活動にも関与し、教師はコミュニティのさまざまな活動の触媒役を果たさなければならないとされた。また、外部に経済的に依存していては思想的・社会的に自立することはできないという思想は、学校運営にもあてはめられ、学校はコミュニティが財政的にも管理することが求められた。60～70年代にかけて、社会主義に傾倒したアフリカの新興独立国では、ニエレレのESRに似た教育思想を打ち出した国がいくつかある（ギニア、コンゴなど）。それらは、教育をイデオロギー伝達の手段とみなしたこと、労働と教育を連携させ、自立のための教育を標榜したこと、教育の先に社会変革を見ていたこと、などが共通した特徴である（山田　2004）。

70～80年代には、ユネスコも成人識字教育を奨励し、ニエレレは1976年に、ユネスコ・成人教育審議会の最初の世界会議をタンザニアの首都・ダルエスサラームで開催し、同審議会の初代会長にも選ばれている。こうした世界的な成人識字教育推進の動きもあり、70～80年代に識字キャンペーンを行って成人識字率を急速に上げた途上国は少なくないが、それらが、学習者に機能的な読み書きの能力を伝えたという側面だけ見ていると、識字キャンペーンの影響力の全体像をとらえることはできない。識字キャンペーンは、極めて政治的な側面をもっていた。私は、エチオピアで調査しているときに、軍事政権時代に行われた全国識字キャンペーン（1975～1990年）の話を聞いたことがある。帝政時代の社会不公平を糾弾した軍事政権は、所得の再分配、知識人のエリート意識の糾弾、農村大衆のエンパワメントを唱え、その思想を広めるため、学生や教師を全国各地に「下放」し、識字教育を行った。政府統計によれば、公務員、学生、教師、軍人、宗教的リーダーなど、識字キャンペーンに関わったのは延べ150万人に上る。2、200万部の入門用教材と900万部の識字者用教材が配布され、政府統計によれば、帝政時代に10％以下だった識字率は1984年に63％まで上昇した。ただし、識字キャンペーンによって跳ね上がった識字率は長続きせず、UNESCO統計では、1990年のエチオピアの成人識字率は28・6％、2000年は39・1％である（UNESCO 2006）。現在も、エチオピアにおいて、与党とその政府の中央集権的な支配力は強く、村では、行政官を通じて伝えられる政府の命令に従う村人相互の暗黙のプレッシャーがある。ある非公式の情報によれば、全国識字キャンペーンが行われていた当時、多くの村では、識字学級に参加しないことは村の社会活動すべてから排除されることを意味しており、多くの者はそうまでして識字学級を避けることはしなかったという。しかし、キャンペーンが終わって社会的プレッシャーがなくなれば、彼らにとって識字学級に通う意義も薄れ、そのことが識字率の低下の原因の1つになったとも考えられる。

（5）グローバリゼーションと教育

グローバル化が進む現在の国際環境において、途上国が外部からの影響をまったく受けずに独自の制度を確立・運営するということはまずない。すでに述べたように、「万人のための教育」（EFA）のような国際目標が、途上国の教育政策に及ぼす影響は大きく、80年代に世界銀行・IMFを中心とする援助機関が構造調整政策の導入を奨励した頃も、現在の貧困削減戦略の枠組み下でも、国を超えて合意された共通の国際目標の達成を前提とするために、多くの国の教育政策文書は、一見して国の違いがわからないほど、類似性が高くなっている。60年代、70年代に見られたような、強力な国家指導者の下、独自の教育を展開する国家は、現在少なくなっているといえる。ただ、これは外部による押しつけとばかりも考えられない。多くの国では、グローバル社会で生き残っていくために、教育制度を通じて学ぶ学習者の知識や技術が、グローバル・スタンダードに合致することを重要視している。多国籍企業による投資を誘致するための1つの有力な要件として、人的資本の質の高さと供給量の多さ、つまり、企業が必要とするような技術や教育水準に達した労働力が十分にいて、技術移転すれば現地採用の人材で多くの仕事をこなせる、ということが挙げられる。もちろん、国の置かれた地理的条件や、資源、労働力の賃金や技術力のレベルと性質によって、誘致できる企業や工場の種類は異なる。WTOによれば、後発途上国の2003年の製品輸出の36%がエネルギー資源加工品であり、次いで衣料（19・9%）、農産品（17・4%）、金属加工品（5・1%）と、資源や低技術加工品への依存度が高い（WTO 2006, 26）。たとえば、労働力が安く、しかし、精緻な機械工業の技術が発達していない国では、衣料品の縫製工場の投資が多いかもしれない。アパレル企業は、服のデザインや素材はほかからもってきて、その国で縫製された製品を、欧米などの市場で売りさばくことになる。途上国にとっては、こうした衣料品産業は、輸出産業振興の第一歩としてはいいのだが、技術が単純なだけに利が薄く、また、国際市況や企業の動向の影響を受けやすい。そこで、より安定した経済成長を果たすためには、所得レベルがある程度向上した途上国は、付加価値の高い技術分野に進出して、技術力を売ることで貿易収入を増やせるようになるのが望ましいわけである。たとえば、2004年から2005年の間でアメリカおよびEU向け輸出額に占める国・地域別割合を比較すると、2005年1月に多国間繊維協定（MFA）が失効し、東アジア諸国に与えられていた輸出枠が無くなったことを反映し、東アジアの香港、韓国、マカオ、台湾からの輸出は繊維がマイナス17%、衣料品がマイナス28%と急激に減少している一方で、サブ・サハラ・アフリカや中国からの輸出が急激に増えている。この状況が長期にわたって続くかどうかは未だ不確定であるが、中所得国が近年の国際貿易環境のなかで、繊維産業への依存を下げ、より付加価値の高い技術分野に移行する必要が生じている一方、先進国が繊維の輸入元をより低技術国に移行している様子が垣間見える（ibid, 14–20）。

このように、グローバル経済での生き残りという点から教育を考えると、かなり戦略的な人的資本開発戦略が必要ということになる。たとえば、シンガポール、韓国、台湾、香港など、70〜80年代に急成長を遂げたアジア諸国が、マクロ経済における自国の位置を把握した上で、どういう産業分野で、どのレベルの技術者（エンジニア、中堅技術者、職工など）を、どのぐらいの人数養成すべきかを詳細に予測し、国家の産業育成戦略の一環として人材育成戦略を立てたことはよく知られている（Ashton, et, al., 1999）。

グローバル化のなかで、情報や技術の流通、変化が加速した現在、特定の固定化した技術を学んでも、その技術はすぐに陳腐化してしまう危険性が高い。それであれば、むしろ、高度な知的判断力と情報咀嚼力があり、雇用されてから、状況に応じて新しい技術を学べる訓練可能性（トレイナビリティ）が高い人材のほうが、人材としての価値が高いと判断されることが多くなっている。こうした状況を知識基盤経済といい、南アフリカ共和国など、一部の中所得国では、工学などの技術分野では、すでに学士号ではエンジニアとして雇用されるのが難しくなっている反面、学士レベルでは、社会科学系だけでなく、工学系の学生も、卒業後に金融などの分野でマネージャーや専門職として雇われるケースが増えている（山田　２００８ｂ）。

このように、特に高学歴者は、グローバルな知識基盤経済への統合が進んでいる反面、低所得者は、国内市場のみを対象とする中・低技術部門で雇用され、収入も不安定なケースが少なくなく、経済の二極化が進んでいる国が多い。こうした状況で、教育が産業人材育成のために期待される役割は、大きく分けて2つあるが、それらはしばしば両立困難である。つまり、一方では、グローバル経済に参入し、成長の軌道に乗るための中・高等技術者を養成しなければならないが、他方、最低限の識字、計算能力しかもたない人々が就業可能な技術を得られる機会を提供し、貧困削減に貢献する必要があるのだ。１９９０年代以降、貧困削減戦略の一環として、基礎教育の拡充が進められたが、実際には、基礎教育を修了した程度の若年層の失業率が増加している国も多く、基礎教育の機会を増やすだけでは、貧困削減にはつながらないという反省が生まれている。そこで、ここ数年は、高等教育への関心が再度高まっているとともに、基礎教育段階で、就業準備的な簡単な職業技術教育の内容を盛り込んだり、中等レベルの職業技術教育を拡充するなどの施策が重視されるようになっている。

(6) 職業教育か教養教育か

職業教育と一般教育をいかに統合させるか、あるいは分けて考えるか、というのは、ヨーロッパでも現在に至るまで議論が尽きない課題だが、途上国においても、いろいろな含意をもつ複雑な問題である。植民地時代には、当初、学校といえば一般教育で、そこに通えば、ホワイトカラーの雇用が得られるという、ある種、西洋化したエリート養成機関のような性格をもっていた学校教育に、職業教育的要素が導入されるようになると、それは、植民地の人民をヨーロッパ人と同じように扱わないための差別ではないか、という議論が生まれたのである。こうした、一般教育信仰は旧植民地だった途上国だけでなく、世界的に見られる現象であるが、職業教育に対する社会的評価が低いところでは、職業教育課程を卒業しても、訓練を受けた技術を活かす仕事に就けないということも少なくない。仕事で使える技術を身に付けて、雇用を得るためには、学校よりも徒弟制度のほうが役に立つという場合もある。フルートマンが1992年にナイジェリアで行った調査によれば、徒弟の36%は高卒で、決して学歴が低いわけではない。徒弟制度は、血縁、地縁に支えられており、修了後の就業可能性も高い (Fluitman 1992)。

グローバル経済の進展に追いつき、経済発展を遂げるためには、職業技術教育と高等教育に投資したほうがいいという先入観は途上国政府には根強いようで、先述のシンガポールや東アジアの国々のような詳細なマンパワー予測なしに、とにかく職業技術教育と高等教育の予算を増やす国は少なくない。「基礎教育の普遍化」という国際目標の影響力がきわめて強かった2000年代前半には、鳴りを潜めていたが、ここ数年、じわじわと職業技術教育の予算が増えている国が多く見られる。しかし、職業課程の費用対効果については80年代から疑問が提起されている。1988年に、世界銀行の経済学者であったサカロポラスは、タンザニアとコロンビアからのデータをもとに、「実技科目を教えている高等学校の教育支出は一般科目を教えている学校のそれよりもかなり高いにもかかわらず、職業技術課程の生徒は卒業後に普通課程の生徒より早く職が得られるわけでもなく、また、収入も高くない」と述べた (Psacharopoulos 1988, 275)。このサカロポラスの研究は、その後、現在まで広く引用され、職業技術教育への投資の妥当性の低さの証拠とされてきた。確かに、職業技術教育に必要な機材などの投入は、教養教育にはない支出であり、また単価も高い。さらに、実習が多く、技術分野が多岐にわたることから、教師1人当たりの生徒数も少なくなりがちである。そのため、教員への投資額に対する効率は低くなる。

それでも学校で、ある種の職業準備をしたほうがいいという考え方が、今日の途上国では多い。職業課程と一般課程を明確に分けると結局、一般課程に行けない子が職業課程に進むといった、選り分けの機能ばかりが目につくので、いっそ職業課程をなくし、一般課程に職業準備的な内容を増やそうという改革（普通課程の職業教育化：vocationalization）も、多くの途上国でなされた。人が自立して生きていくために、何らかの職業準備は必要だが、それをどういう方法で行うのかについては、現代でもさまざまな議論がある（岡田、山田、吉田　2008）。人が社会のなかで生きていくための知識・技術には、雇用のための技術も含まれるが、そうした職業準備のための教育をどのように行うべきかという議論は、ペスタロッチやデューイなどの思想家の教育観にも見られるのである。

むすび

途上国の教育開発の議論には、なぜ学校に行くのかという根本的な問題や、ある社会と他の社会が同じようなカリキュラムと指導法による学校教育を取り入れることが、そこでの教育の目的に合致するのか、という問題意識から、本章では、まず教育とは何かという教育哲学を概観し、その後、世界的に広まっている近代公教育制度が、どのように個別の社会に取り入れられたのかを知るために、ヨーロッパで公教育制度が生まれてきた歴史的経緯、そして、その教育モデルが日本およびアフリカにおいて導入された過程を振り返ってみた。公教育制度は、その成り立ちにおいて、明らかに西欧の特定の時代背景を反映している側面がある。国家は文化、歴史を共有する単一の国民によって構成される、という一種の共同幻想に基づく国民国家形成のプロジェクトと、教育の成り立ちを分けて考えられないからである。教育哲学も、基本的には学校での公教育制度をもとに、それを促進する意図や、それに対する批判によって発展してきたといえる。

日本が明治維新を進めているころ、タイ、トルコ、エチオピアなど、帝国・王国であった国々において、内発的な動機に基づいて近代化が進められた。そうした近代化運動のなかで、旧来の教育方法は見直され、ヨーロッパの学校教育モデルが取り入れられていったのである。この頃、近代化を進めた国々では、西欧列強の植民地化を避けるため、急速に国力を高めようとした。そのため、急ごしらえではあったが、外国のモデルを適用するにあたって、外から押し付けられたというよりは、自らの意思で選択的に適応していたといえるだろう。

他方、第二次世界大戦後にヨーロッパ列強の植民地支配から独立を果たした国々では、公教育制度は、多かれ少なかれ、植民地時代からすでに導入されていた。また、多くの場合、多民族社会であった新興独立国において、公教育は、「想像のコミュニティ」である国家を維持するためのメカニズムとして、大きな役割を果たした。したがって、戦後の国際秩序が国家間の外交および、国連などの多国間のガバナンス機構を通じて維持されるという前提条件のなかで、国家が公教育制度をもたないということはほとんど想定の外である。

その半面、社会学の枠組みをあてはめて途上国で起きている事柄を説明しようとして、しばしば感じる違和感は、ヨーロッパの歴史の必然として生まれた公教育制度が、他の社会の価値体系や文化にはどうもしっくりしていないことに起因すると思われる。学校教育の理念、手法、教授内容、制度枠組みなどは、すべてヨーロッパの特定の状況における社会的需要に基づいて生まれたものであって、他の社会にその必然性はない。たとえば、明治期の日本で公教育を導入したのは、欧米列強と同じ土俵で対等に渡り合える人材、ひいては国づくりをするという目的のためである。また、今日の社会では、地域統合やグローバル化が進み、他国と互換性のある制度をもち、どこで学んでも同程度、同種の知識を得られる、ということが重要性を増してくる。

このように考えてくると、同じ教育制度の枠組みやカリキュラムの構造をもっていても、その教育制度をなぜ取り入れたか、教育の結果、何を期待しているかは、社会によって違うと思われる。本章の後半で、学校は、単純に知識を効率的に伝達するための場であるのみならず、どの段階の教育を受けたかによって、人を社会のいろいろな場所に振り分けたり、為政者や支配政党、エリート層の価値観や政治思想を伝達し、極端な場合には洗脳するような、政治的な含意ももっていることを示した。一方で、学校が、雇用のための技術を伝達することによって、グローバル経済のなかで生き残ることや、貧困層が生計の手段を得るといった実利的な目的に貢献することも期待されている。学校がどのような役割を果たしている、あるいは果たすべきだと考えるかは、時代や国、状況によってさまざまであり、普遍・一般化して述べることは容易ではない。このような現実の多様性を知った上で、我々は、国際教育協力への関わり方を考えていかなければならないと思う。実務上は、ある程度パターン化したアプローチが必要かもしれない。日本のODAであれば、理数科教員の訓練や職業技術教育などは、やはり援助を行ってきた経験が長く、いろいろな国で活動している分野である。その枠組みを完全に取り払って、一からある社会を理解し、それに基づいて何が必要か考えよう、などといっていては、実務で要求されるスピードにはまったく追いつかない。また、援助する側にも、援助戦略や目的がある以上、何でもかんでも多様性に敏感であろうとするのは現実的ではないかもしれない。しかし、うまくいったプロジェクトというのは、現地のことを非常によく知っている専門家が長く関わったり、事業のデザインを現場の状況に合わせて変更するなどの柔軟性があった場合が多い。処方箋は1つではなく、相手を見ずに処方箋を書くことはできないのだということは、確認しておいて無駄ではないだろう。

註

(1) 道徳教育は、社会規範に従うことを教えるという意味では、教育の社会的側面を重視する立場であると考えることが多いが、そのほかにも、道徳的判断は、成長の段階で、学習者自身の自我のなかから自然に生まれるという考え方、神のような超自我から示されるという考え方もあった（井ノ口　2007）。

（2）中内敏夫氏は、さきに引用した「生活綴り方教師の誕生」をはじめ、日本にもともとある教育思想を社会・生活史から掘り起こそうとさまざまな試みをしており、参考になる点が多い。

第3章 「学校」は目的を果たしているか

はじめに

第1章で、第二次大戦後の教育開発・教育協力の潮流を概観し、第2章では、人を教え、学ぶということについて、どのような思想があるのかを、西欧教育思想史を中心に振り返った。また、ヨーロッパ、日本、アフリカで学校を中心とする公教育制度がどのように導入され、展開したかを比較し、学校教育のもつ意味や影響が、社会によって異なるということを指摘した。そこで、本章では、前章までの議論を踏まえ、実際に途上国で学校教育がどのように実践され、どのような課題があるかについて考えてみたい。

途上国といっても状況は多様であり、この章で紹介する事例のほとんどは、私が調査を行っているアフリカ（特に、ガーナ、エチオピアといくつかの東アフリカの国々）で見聞きしたことである。本書で何度も述べたように、特定の社会で教育がどういう意味をもつかをしっかり考えないで、いきなり途上国一般について考えても、具体的な答えは何も出てこない。知っていることからしか物事は類推できないからである。このことは、若い学生諸君にもいいたいことだが、「○○国の女子教育」とか「××国のノンフォーマル教育」とか、大きなテーマを掲げているうちは、修論は書けない。要は、その国で女子教育がどうだから大変なのか、何が独特なのか、誰が関わっているのか、など具体的なことを知らず、教科書に書いてあるような「女子の就学率が男子より低いから問題だ」とか「就学阻害要因は（1）教師の偏った性差観、（2）親や社会の無理解、（3）学校に男女別トイレがないこと」とかいっていても、「女子の就学率が低いと何で問題なの？」、「○○国では、国じゅう、どこへ行っても女子の就学率が低いの？」、「女の子自身は学校に行くことをどう思っているの？」と聞かれると答えられないのである。私のように現地調査を重視する研究者ばかりでなく、統計を経済学的に分析したり、ニューヨークやジュネーブなど、援助機関の本部に話を聞きに行く調査手法もある。準備もできていないのに調査もどきなことをするのは、それはそれで迷惑なので、やみくもに途上国に出かけろというわけではないが、一般論で語っているうちは、途上国の教育事情は本当の意味では理解できない。そして、そうした不十分な理解は、ひいては、その国のことをよく知らずに教育開発・協力の事業を実施してしまうことにもつながりかねないのである。そこで、本章では、具体的事例に基づいて途上国の学校が実際に目的を果たしているのかを議論する。

なお、第2章では、教育という概念が学校教育よりも広い範囲の教え・学びを含むことを指摘したが、本章では、徒弟制度など、ノンフォーマルの教育形態にも少し触れるが、基本的には学校教育を対象に議論を進めたい。途上国の教育開発・協力は、近年、基礎教育の拡大に焦点を合わせてきたことは第1章でも述べた。私の知るアフリカでは特に、基礎教育の普及が他地域に比べても遅れている国が多かったために、過去10~15年の教育開発・協力は、圧倒的に基礎教育中心であった。アジアなど、他の地域では、サブサハラ・アフリカほどの極端な基礎教育集中はなかったかもしれないが、やはり、学校教育および、そこで学習を継続できなかった子どもへの救済策としてのノンフォーマル教育（いずれ正式の学校に復学するための過渡的手段）に重点が置かれていたと思われる。したがって、本章で、学校教育を中心に議論を進めることは、教育開発・協力が前提としてきた教育行政への投資が社会開発、経済開発につながるという考え方を客観的に見直すことにもなるのではないだろうか。

学校、公教育制度の効果・効率の評価

(1) 行政、制度の効果・効率

教育行政、公教育制度がうまく機能して、学校教育が所期の目的を達しているかを確認するためには、さまざまな方法がある。ここではまず、教育開発・協力の世界で広く使われる効果・効率の測定方法を簡単に説明しておこう。

第1章で述べたように、現在、多くの途上国は、国家開発全体の方針を示す政策文書として、「貧困削減戦略書」を作成する。そのなかで、教育が貧困削減に貢献するために、どういう分野にいくらぐらい予算を使って、何年計画で、どのぐらいの目標を達成する必要があるかを示す。基礎教育の普及が遅れている国では、まず基礎教育に多くの予算と人員を配置するだろうし、基礎教育は大体普及していて、産業育成のために高度に訓練された技術者が必要だという場合には、高等教育や職業技術教育に重点を置くかもしれない。いずれにしろ、これは、国家全体の政策のなかで、教育はどういう役割を担うかという話である。教育省は、こうした国家政策を、さらに具体的に噛み砕いて、教育セクターの開発戦略を策定する。そして、これを実行するために必要な予算を財務省に申請し、財務省は、他の省庁の申請とのバランスも見つつ、教育予算の額を決める。こうした中央省庁の

レベルで、教育省が計画をどのぐらい効果的、効率的に実施し、結果を得られたかを測定するために、いろいろな指標が設定されている。たとえば、就学者数や就学率は、教育制度が、量の面で、どれだけ多くの人にサービスを提供できたかを測るものである。就学率とは、学齢人口のうち何%が学校に就学しているかを表す指標だ。たとえば、ある国の教育省が、学齢にあるすべての子どもが学校に行けるようにする、という目標をもって、その達成を測るために、「10年間で純就学率[1]を100%にする」という指標を設定したとする。すると、政府は、その目標達成に向けてどのぐらい今年は頑張ったか、この調子でいけば10年で目標達成できそうか、といったことを、個々の学校や地方の教育省の出先機関である地方教育事務所を通じて集めた就学率データによって評価するのである。

この他に、量的に教育行政の効果・効率を測る指標として、学校の数、教師の数、教科書の充足率、教師1人当たりの生徒数、留年率、退学率、進級率などがある。国勢調査をすると、国民1人ひとりの年齢、職業、収入、教育歴など、さまざまな情報が集められる。それによって、ある国に学齢の子どもが何人いるかもわかる。この学齢の子どもの何割ぐらいを学校に行かせるようにするか、政府はまず目標設定をする。前述の例のように、10年間で純就学率を100%にすると決めた場合は、すでにある学校は何人の生徒を収容でき、あとどれだけ足りないかを計算し、10年で目標達成できるよう、毎年学校を増設する必要がある。学校が増えたら教師や教科書も増やさなければならない。学校ばかり設立しても、教師の養成が追い付かないと、先生が1人で大勢の生徒を教えなければいけなくなる。場合によっては、複数の学年を同時に教えたりすることになる（複式学級）。また、教師がいても、教室が足りないと、1つの学校で午前中と午後の二部制、あるいは夜も入れて三部制で教えなければならないかもしれない。教科書の印刷が間に合わないと、せっかくたくさんの子どもが学校に来ているのに、何人もの生徒が1冊の教科書を一緒に使わなければならないこともある。学校の椅子や机が足りない可能性もある。就学率は、学校に来る生徒（需要側）の人数が増えたかどうかを測る指標だが、教室数、教師数、教科書の充足率などは、教育制度（供給側）が、需要に見合った量のインプットをしているかを測る指標である。

さて、読者もすでにお気づきかと思うが、量ばかり増えても、これらの供給側のインプットが追い付かないと、せっかく学校に来ても、劣悪な環境で、あまりいい教育を受けられないことがありうる。1つの教室に100人もの子どもがすし詰めになって床に座っているということは、アフリカの貧困国ではしばしば見られるが、教科書も机もなく、教師も十分な訓練を受けないまま、にわか仕立てで慌てて学校に送り込まれている場合などは、教師の教授能力が低く、生徒が学校で本来学ぶことを身につけないまま何年も過ごしてしまう可能性が高まる。そういうわけで、学校にたくさんの子どもを来させる必要があると同時に、彼らが、学校で教えられることになっているカリキュラムをちゃんと学んだかどうかを測定する必要があるが、その指標としてよく使われるのが、ある教育段階の最後に行われる修了認定試験の結果である。たとえば、基礎教育が終わるまで学校に通い続けた子のうち、何割が基礎教育修了認定試験に合格するかを見ると、その国の教育制度の質がわかると考えられている。規定の課程を終えても、学んでいるはずの内容を学んでいない子が多ければ、制度の質が低いわけである。

さて、課程を修了した子どもの成績は学校教育の質を反映するが、そもそも課程を修了しない生徒が多い場合はどうだろうか。これは効率性の問題と考えられている。もし、10人入学したうちの3人が課程を終える前に中退してしまったら、中退した3人のためにかけたインプットは無駄になったことになる。かなり単純化して説明すると、政府は、生徒1人当たりのコスト(ユニット・コスト)を大体計算しておいて、「ユニット・コスト×就学者数」で予算を立てている。しかし、もし予算策定の基準にした就学者数の3割が中

図表3－1　教育生産関数

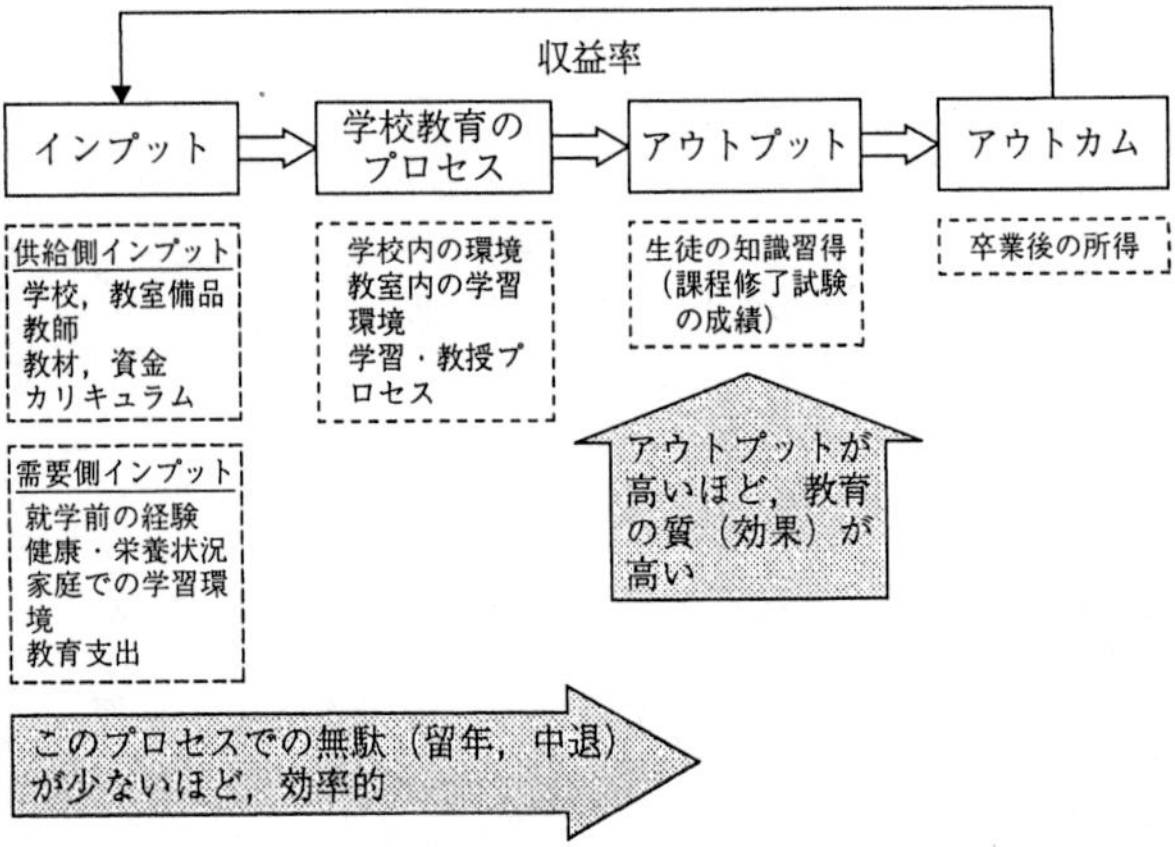

退して、課程修了者が、当初の人数の7割になってしまったら、3割の損失ということになり、教育制度としては、効率性が低いことになる。留年率や中退率は、教育課程の途中で、余分に年数がかかったり、インプットをしたのに途中で辞めてしまう人の割合なので、教育制度の効率性を測る指標とされている。

　このように、教育のインプットとアウトプットを比較して、学校教育の質や効率性を評価する方法は、第1章で紹介した効果的学校分析や教育生産関数の考え方に基づいている。効果的学校分析では、学校外の要因、たとえば、生徒の親の経済力やエスニシティ、学校からの距離や宗教・文化などの影響も考慮する必要が指摘されているが、教育開発・

協力の実務では、そういう学校外の指標は集めにくいので、限られた地域で調査することが多く、大規模な分析はあまりされていない。政府の政策分析・評価に使われる（ひいては援助の評価に使われる）統計は、政府のチャンネル、すなわち、教育行政の末端である学校や地方教育事務所で記録されたものの集積である。学校に来ている生徒や教師、物品についての数量的データは取れるが、学校外の、しかも数量化しにくい情報について網羅的に分析することは、よほどデータ収集者の訓練をしないかぎり難しい。例外的に、生徒に対するテストの他に、学習環境や教員の質についてのデータも集めている調査の1つに、南部および東部アフリカ15カ国の教育大臣が参加するコンソーシアム（Southern and Eastern Africa Consortium for Monitoring Educational Quality：SACMEQ）が行っているものがある。この調査のデータは公開されており、政府関係者が政策形成のために使ったり、研究者がこれらの国々の教育の質について、さまざまな角度から分析するのに役立っている。

教育分野だけではないが、途上国で集められる統計の信憑性について、疑問を呈されることがしばしばある。それは、データを集積する人々の訓練不足ももちろんあるが、学校は、就学者数に応じて補助金を配分されるので、ただでさえ予算不足で苦労している学校は、就学者数を水増しして報告する動機が十分にあるのだ。また、教師がエイズなどでたくさん亡くなったり、休職して大学に行ったり、異動が激しい場合にも、その変化を統計がちゃんと捕捉していないことがある。すでにいない教師（ゴーストティーチャー）がたくさん給与支給者として登録されていると、中央政府は、無駄に人件費を払っていることになる。行政の透明性が高く、予算の流用や着服がまったく見過ごされなければ、そういう誤って配分された資金は手つかずで残るはずだが、ただでさえ予算不足の地方教育事務所や、教育省からの給料だけでは食べていけない役人は、そういうお金を使ってしまう。

このように、教育制度がうまく機能するためには、中央政府が策定したカリキュラムを教師が学校で適切に教え、それを生徒がしっかり学ぶという、学校レベルでの効果・効率性の問題があると同時に、中央政府が計画したことがしっかり現場に伝わらなかったり、資金や教材などの物品が学校まで届かないといったシステムの効率性やコミュニケーションの円滑さ、命令系統の明確さや職員の規範順守の姿勢の問題もある。

90年代の半ばから、途上国政府の主体性を重んじて、援助機関は政府の政策の実践には極力干渉しないように、という合意が形成されていることは第1章で述べた。実施に干渉しないためには、政府の実施能力が高く、手を出さなくても政策が予定通り実行される必要がある。そのため、90年代以来、政府の行政能力を高める「ガバナンス」向上のための支援というのが、非常に重視されるようになった。教育セクターでも、あらゆる分野での行政官訓練が行われている。キャパシティ・ビルディングというのは、政策形成、モニタリング・評価、カリキュラム開発、初等・中等・高等といった異なる教育段階でのプログラム実施と、多岐にわたる。また、最近は中央集権でなく、分権化が必要と世界中でいわれ、地方にさまざまな権限を委譲しようとしているが、分権化がうまくいくためには、中央政府だけでなく、地方教育事務所の職員や校長、教員の訓練も必要ということになる。そこで、援助機関は、ガバナンスの向上のために、行政官のキャパシティ・ビルディングをし、さらに、中央政府から地方政府までどれだけ資金がうまく流れたかを調べる「公共支出のトラッキング調査」というものを各国で実施した。公共支出のトラッキング調査というのは、中央政府から地方自治体、さらには学校に送られるべき資金の何%が実際に教育活動を行う現場に届いたかを、給与、給与以外の経常支出、開発支出といった項目ごとに、詳細に追跡するものである。

トラッキング調査の結果、ほとんどの資金が教育行政システムの末端に届く前に雲散霧消してしまっている国も少なくないことから、2000年代には、学校に配布される人頭補助金（生徒の人数に応じて支給される補助金）は、行政システムを通さず、財務省から学校の銀行口座に直接振り込むという方法が、特にイギリス国際開発省（ＤｆＩＤ）によって進められた。90年代以降に広まった「援助機関は途上国政府の主体性を重んじ、政策形成の段階での議論で合意が形成されたら、実施にはあまり干渉しない」という原則を特に推進したのは、イギリスをはじめとするヨーロッパの援助機関や世界銀行であったが、これらの援助機関は、教員訓練やカリキュラム開発といった個別のプロジェクトではなく、教育省の政策全体に資金援助するので、教育省がいかに全体としてうまく機能し、資金が目的のために活用されるシステムになっているかに大きな注意を払った。アフリカでは、２０００年代には、教育分野でも、援助機関が派遣する外国人専門家の多くが、教育の専門家というより、財務や行政の専門家になったことも、１つの特徴である。

（2）カリキュラムの内容と実施の評価

ここまで述べた内容からは、教育開発・協力はシステムの効果・効率ばかりに重点を置いているように見えるかもしれない。実際、近年の援助の潮流はそういう方向に向かってはいたのだが、日本、アメリカ（ＵＳＡＩＤ）、ドイツ（ＧＴＺ）など、政策協議をして資金の流れを管理し、指標に照らして政策の達成度を測る、というタイプの援助よりは、実際に専門家を派遣してきめ細かい技術協力をすることに強みがある援助国・機関もある。日本のJICAは、理数科教員の現職訓練や、職業技術教育の実績があることは第1章でも述べた通りである。理数科分野では、教科教育の専門家が数多く関わり、カリキュラム内容が効果的に教えられているかについて詳細な研究をしているし（馬場　2005、秋吉　2009、小野・近森・喜多・小澤　2006など）、また、技術協力もきめ細かく行われている。学校は、教科の授業のなかで教えられる知識以外の部分で、生徒に多くの影響を及ぼすことは第2章で述べたが、それでもやはり、カリキュラムで意図したことが実際に生徒の知識として定着するかどうかは、学校教育の効果を知る上で極めて重要であることに変わりはない。そして、経済学的、行政学的分析では、ここの部分は見えてこない。カリキュラムが成果を得るためには、（1）国家が特定の科目のなかで学習者に習得させたい内容のビジョンがカリキュラムに反映されていること（デザインの妥当性）、（2）教師がカリキュラムの内容を理解し、教える能力が身についていること（教員訓練の適切性）、（3）学校および教室の環境や教材がカリキュラムの実施に適していること（環境の適切性）、（4）教師が、カリキュラムの内容を生徒の学習環境や能力に合わせて教えられること（学習―教授プロセスの有効性）、（5）生徒の側に学ぶ用意があること（学習意欲、栄養状況など）、などの条件が満たされなければならない。（1）、（3）は教育制度に関することと、（2）、（4）は教師に関することと、（5）は生徒自身に関することである。学校では、このように、いろいろなアクターの関与がうまくいって初めて学習効果が表れるのだ。

さて、日本に専門家の多い理数科教育であるが、一般の人は、理科や数学の知識は文化が違っても普遍的で、同じように教えることができると思うかもしれない。しかし、途上国には、普段の生活ではお金や農作物の量などをしっかり計算できるのに、学校の算数・数学になるとまるでできない子どもがよくいる。乗合バスでお金を集める子などは、こっちの客は札を出して3人分払い、あっちの客は1人分、長距離で料金が高い客、安い客など、全部把握して、釣り銭を渡している。また、日本にも昔は寸、尺、貫、文など、独自の単位があったが、途上国でも、普段使っている単位が学校で習うメートル法とは違う場合もある。かなり難しいことがわかっているはずなのに、記号化したり、数式になるとわからない子どもが、一体どこでつまずいているのか、どうすれば普段使っている数学（民族数学という）と学校数学をうまくつなげることができるのか、という研究を行っている人もいる（馬場　2005）。また、数学の問題が解けない子の多くが、実は、数学以前に、問題が理解できていないということもある。先進国で作った教科書やテストをそのまま途上国にもち込むと、文章題で描写されている状況自体が途上国の子にはわからない場合があるという。たとえば、電車のない場所で、電車での移動距離について出題しても、電車とは何かの部分でつまずいてしまう。あるいは、英語や公用語でテストが行われると、数学のテストというより、語学力のテストになってしまうこともある。このように、一見、文化の影響をあまり受けないように思われる理科や数学であっても、カリキュラムが生徒のバックグラウンドに合っていて、学んだことが学校外での日常生活に活かされるようになるためには、さまざまな工夫が必要だし、単に先進国など他の国でうまくいったカリキュラムをそのままもち込んでもうまくいかないのである。

　こうした問題は、他の科目ではさらに顕著である。社会科で、地元の産業や文化、歴史を知る前に世界史や国際社会について学んだら、学校に行ったことで自分の民族や宗教を軽んじて都会に出ることばかり考える、地に足のつかない人間ばかりが出来上がってしまうかもしれない。教授言語の問題も同じように複雑である。前述のように、家庭で使われていない言語で授業を受けても、理解度はかなり落ちる。発達心理学の観点からは、低学年のうちは母語で教育をすることが非常に重要だといわれている。また、アフリカをはじめ、多言語社会では、公用語で教育を行うということは、植民地宗主国の言葉や、支配的なグループの言葉を大衆に押しつけることになるとして、文化の独自性やプライドといった観点から反発する人々もいる。しかし、これらはエリートや外部者の理想論であって、実際は、多大な犠牲を払って学校に子どもを行かせるなら、家でも身につくようなことではなく、公用語や新しい知識を身につけて、卒業後は都会で現金収入のある仕事に就いてほしいと思う親も多い。「学校知」と「生活知」を誰もが納得する形で接合させるのは極めて難しいが、この点をないがしろにしては、学校教育の内容が学習者の状況や背景に合うことはないのであり、詳細な現状理解が不可欠である。

（3）教育機会と結果の公平性

学校教育の評価について、最後に、公平性の観点も挙げておこう。第2章で、教育には、民族、階級、経済力、宗教といったことに起因する格差を再生産する機能がある、と指摘した。そうした格差を減らすことが、現在の貧困削減パラダイムの1つの目的でもあるのだが、それは、途上国の教育制度のなかで実現されているのだろうか。貧困削減パラダイムのなかで、基礎教育への援助および政府の予算配分が増えたことはすでに述べた通りで

図表３－２　サブサハラ・アフリカにおける対GDP比教育支出と教育インデックスの関係

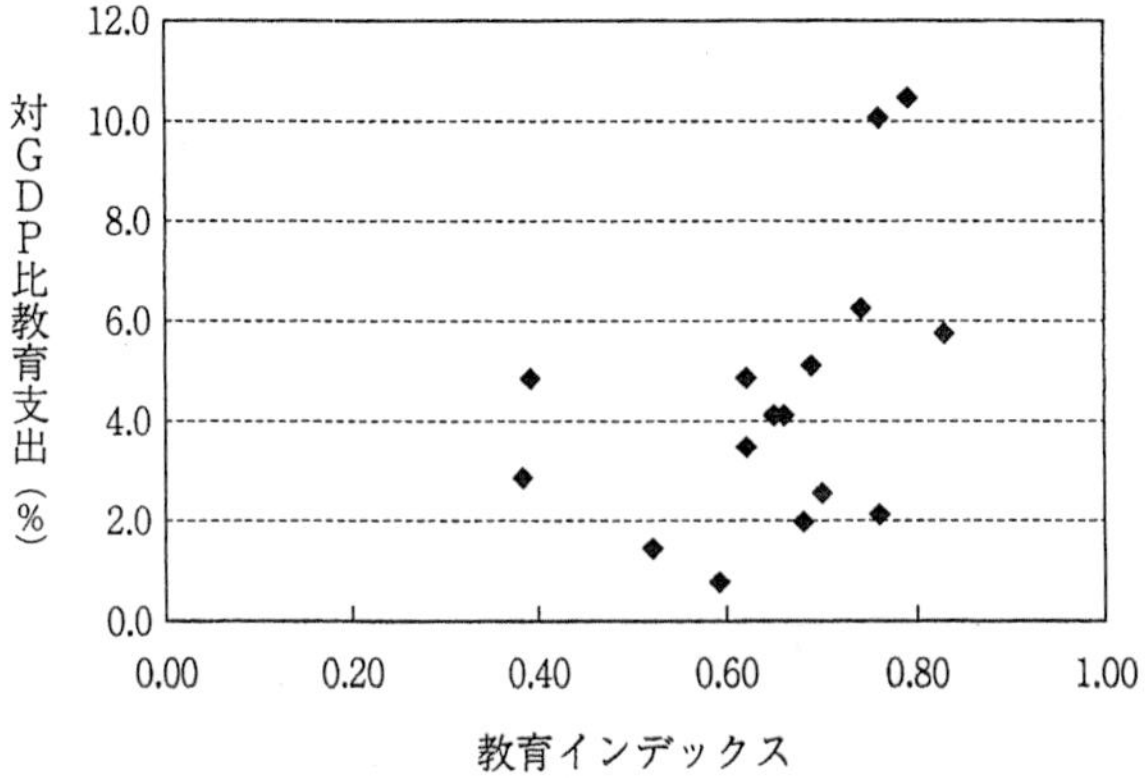

出所：UNDP（2004）をもとに筆者作成。
教育インデックス－成人識字率と初・中・高等教育の総就学率をもとに算定。

ある。しかし、資金配分が増えると自動的に成果が上がるわけではない。確かに、基礎教育を無償義務化するためには、相当の公共支出が必要で、それゆえに、２０００年代初頭には、国際社会は、途上国政府の教育予算の７割近くを基礎教育に配分することを奨励したし（ＥＦＡ―ＦＴＩベンチマーク）、援助額増加によるビッグプッシュの必要も叫ばれたのである。しかし、この点は国際開発・協力の専門家の間でもあまり議論されないが、教育予算の増加と教育指標の向上には明確な相関関係は見られない（図表3―2）。たとえば、対GDP比教育予算が0・7%のナイジェリアと、4・8%のエジプト、3・4%のタンザニアは、教育インデックスは0・6前後（それぞれ5・9、6・2、6・2）で、あまり変わりがない。

このように、予算配分しただけでは教育指標の向上にも貧困削減にも直結しないが、では、どうすれば教育への公共支出が貧困層に裨益しているかを調べることができるだろうか。ここで参考になるのが裨益率と呼ばれる数値である。ここで用いる裨益率とは、国勢調査によって得られた所得のデータから、国民を最貧層から最富裕層まで5つの所得グループに分け、その所得グループごとに、どれだけ政府の教育支出の配分を受けているかを比較するものである。たとえば、図表3―3は、タンザニア、エチオピア、ケニアという東アフリカの3カ国の公的教育支出を比較したものであるが、タンザニアでは、初等教育の裨益率は最富裕層が最も高く、最貧層は10%に満たない。他方、中等教育では、エチオピアにおいて、貧困層の裨益率が低いことがわかる。特に、タンザニアは2000年代初頭に、初等教育への予算配分が7割を超えた時期があるが、貧困層の裨益率は低く、一般にプロプアア（Pro-Poor：貧困層にやさしい）といわれている基礎教育（初等および前期中等）への投資を増大させただけではプロプアにならないことを示している。

図表3－3　東アフリカ3カ国の教育支出の裨益率

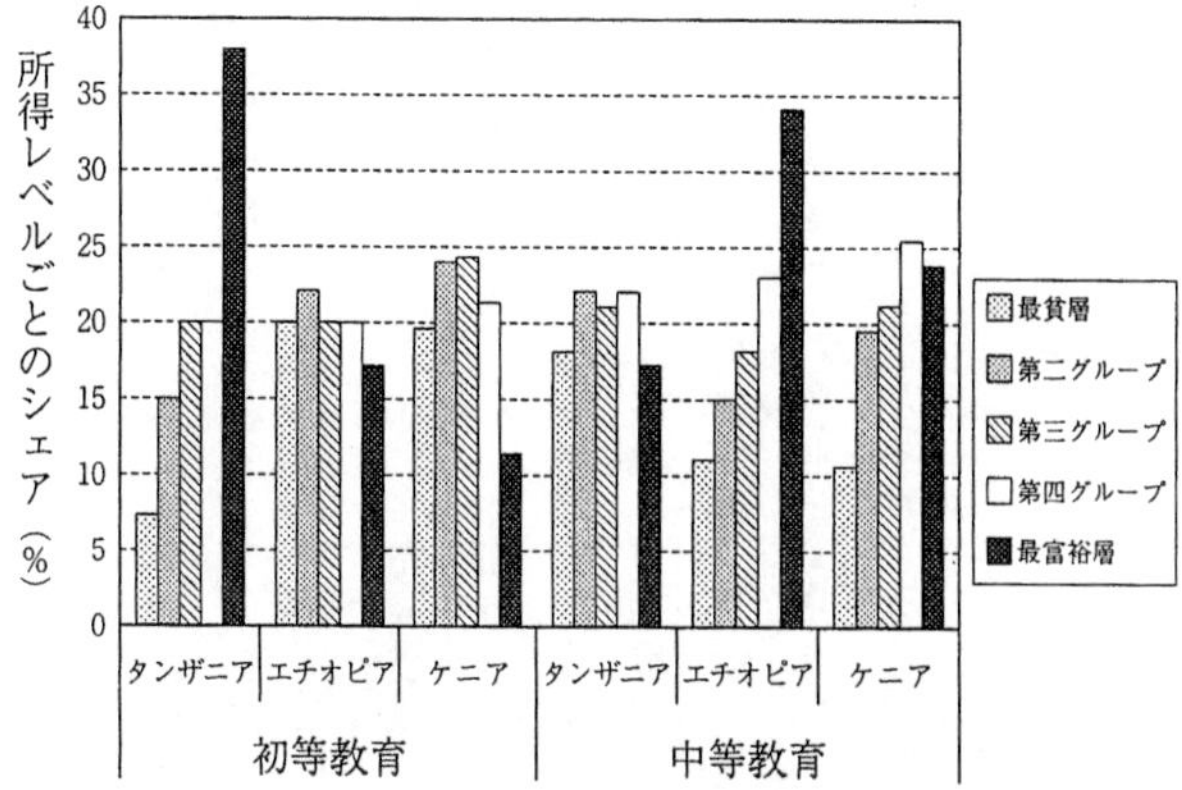

出所：Lambert and Sahn (2005：130)；World Bank (2002：61),
World Bank (2004：104).

初出：Yamada (2005).

図表3―2および3―3は、基礎にしているデータの比較可能性や信頼性が必ずしも高くない。また、図表3―2で示した教育支出の対GDP比も、国ごとの経済格差を考えると、割合が同じでも、金額はかなり違う場合があるので、この比較をもって、断定的なことはいえない。しかし、とかく単純化して議論されがちな教育開発・協力は、マクロレベルの数値の比較だけでは見えてこないさまざまな課題を含んでいることはご理解いただけるだろう。

測定しにくい教育の目的

さて、ここまで教育開発・協力の評

価の重点である教育行政および学校内での学習―教授プロセスの効果および効率、公共サービスとしての学校教育の公平性について述べてきた。教育開発・協力では、教育の効果は生徒の修了認定試験の成績で評価されることが多い。しかし、アフリカなどでは、この修了認定試験も、基礎教育段階では完全に全国で一律に行われてはおらず、この修了認定試験の成績での評価すらできないケースも少なくない。そういう制度面が整備される前に、就学率の拡大とそれに伴う教員養成、施設・教材の増加などを一挙に行おうとし、同時に行政官のキャパシティ・ビルディングを行ってガバナンスを強化しようとしているのが今のアフリカの教育開発の状況である。さらに、政府全体の分権化を進めることも国際的なトレンドなので、学校における教育計画づくり、学校運営への住民参加といった改革も導入されている。援助国である日本でも、新自由主義的な行政改革は、小泉首相の頃にかなりの抵抗を受けつつ推し進められたことも考えると、制度的基盤も脆弱な貧困国で、これだけの改革を同時に行うのはかなり野心的である。制度が整備されるまでは量的な拡大はしないとか、分権化はもう少し改革が落ち着いてから、といった選択の余地があまりないのは、先に産業化を進めたアジアの国々などが経験していない、後発途上国の苦難であるともいえる。

いずれにせよ、修了認定試験によって学校の効果を測ることすら難しい状態で、科目の知識習得以外の教育の意味を考えるなど、時期尚早と考える向きもあるかもしれない。しかし、欧米において児童中心主義や進歩主義教育が提唱されたのは、学校教育が成熟して次の段階に進んだからではなく、むしろ、学校教育の問題に対するアンチテーゼとしてであったことを考えると、途上国の教育開発について、そのような多様な視点で教育を考える必要は十分にある。教育は、どこの国でもメディアなどでいろいろな意見が提起される分野であるが、たとえば、日本で「いい教育」といった場合に、我々は何をイメージするだろうか。受験に強い教育か、あるいは、生徒の個性を尊重し、1人ひとりの生徒の独自の能力を伸ばしてくれる教育だろうか。卒業後にすぐ就職するのであれば、すぐ仕事に活かせる技能を身につけさせ、確実に就職できるようにコネをつけてくれるのがいい教育かもしれない。日本では、2006年に教育基本法が改正されたが、それに際してはかなり大きな議論があった。政府・与党は、日本の戦後教育では、「個性の尊重や個人の自由が強調される一方、規律や責任、他人との協調、社会への貢献など基本的な道徳観念や『公共の精神』が軽んじられ」てきたと考え、子どもの学習意欲の低下や、いじめ、不登校などの問題を解消するためには、教育の理念の本質に立ち返って、公徳心と「郷土や国を愛する心」を子どもたちのなかに育てなければならない、と述べた（自由民主党　2006）。これに対し、教師やメディアの一部は、愛国心を教育基本法の前文に記載することは、国家主義的な愛国心教育の強制だとして反発した。東京都の教育委員会が、卒業式の君が代斉唱のときに起立することを義務付け、それに従わなかった教師に罰則を科したことが議論を呼んだこともあるが、教育基本法に明記されるということは、愛国心を教えることが教師の義務となり、教えているかどうかを行政が介入し、指導する可能性を示唆する。教育基本法の改正は、このような教育の理念についての意見の違いを浮き彫りにしたと同時に、法や政策に示された教育内容に関する指針は、学校や教師がそれを実施しているかを評価する基準になるということを人々につきつけた。政策とは、国がどういう教育を行うかを宣言し、人々をその達成に向けて縛るものでもある。このように学校で何を教えることが「いい教育」なのかは、公教育の場合、国家が決める。もちろん、専制君主が支配する国でもない限り、1人や少数の人の意見が国民全体に押しつけられることはなく、日本の教育基本法の改正も、議論を経て大分、道徳的色彩が緩和されている。しかし、学校で学ぶ知識とは、意図的に選ばれ、パッケージ化されたものだし、いい教科書、いい教師、いい授業というのも、何を教育の目的とするかによって自ずと異なるのである。では、アフリカの村でいい教育とは、どんな教育なのだろうか。受験準備のための教育か、愛国心を養う教育か、それとももっと別の何かなのか。

学校の意味、知識の意味

（1）就学と家族、社会の変化

アフリカの村に行くと、親や子どもの学校にかける思いの強さに圧倒されることがしばしばある。学校教育がこの10～15年ぐらいで急速に普及した農村部などでは、親のほとんどは小学校もろくに終えていない。文字も読めず、簡単な計算もできない親がたくさんいる。自分が学校でちゃんと学んだことがなければ、学校で何を学ぶかもよくわからない。それなのに子どもを学校に行かせたいと思う親たちは、学校にいったい何を期待しているのだろうか。

私はエチオピアという国に毎年一度行って調査を続けているのだが、いつも驚異を感じていたのは、教育省が初等教育に配分している予算額では、到底、初等教育の普遍化（UPE）を達成することはできないし、あらゆる意味で、政府が目標として設定している2015年までのUPE達成は困難と思われるのに、すさまじい勢いで学校が建設され、就学率が伸びていることであった。エチオピアは、第二次大戦後、最初のアフリカ地域の教育会議であるアジスアベバ会議をユネスコと共催した国で、1960年代初頭から、初等教育普及を教育政策の目標に掲げていた。「教育を受ける権利」は、エチオピアの憲法にも記載されている。このことから、政策上は、エチオピア政府は常に初等教育機会を多くの国民に提供することを宣言してきたことがわかる。実際、エチオピアの教育の歴史を見ると、政権が変わるたびに、就学者数の伸び率が高まるということが繰り返されており（図表3―4）、前政権の政策を批判し、国民の支持を得ようとして、新政府が教育へのコミットメントを高めてきた様子がうかがえる。

特に、1994年に軍事政権を倒して、現在の政府に替わった後、国際的な援助が大量に流入したこともあり、初等教育の就学率は、飛躍的に増大した。図表3―4に示したのは、実際に就学した人数であるが、就学年齢人口に対する就学者数の割合を示す総就学率を見ると、1993／4年には20・5％だったものが、現在は、エチオピア政府の統計では、90％を超えている。1990～2000年代の貧困削減パラダイムのなかで、基礎教育（初等＋前期中等）の拡大のために、国際的な援助と政府のコミットメントが集中したことはすでに第1章で述べたが、エチオピアは、まさにこの政府のコミットメントが、劇

図表３－４　1967年から2004年までの基礎教育（１～12学年）の就学率の変遷

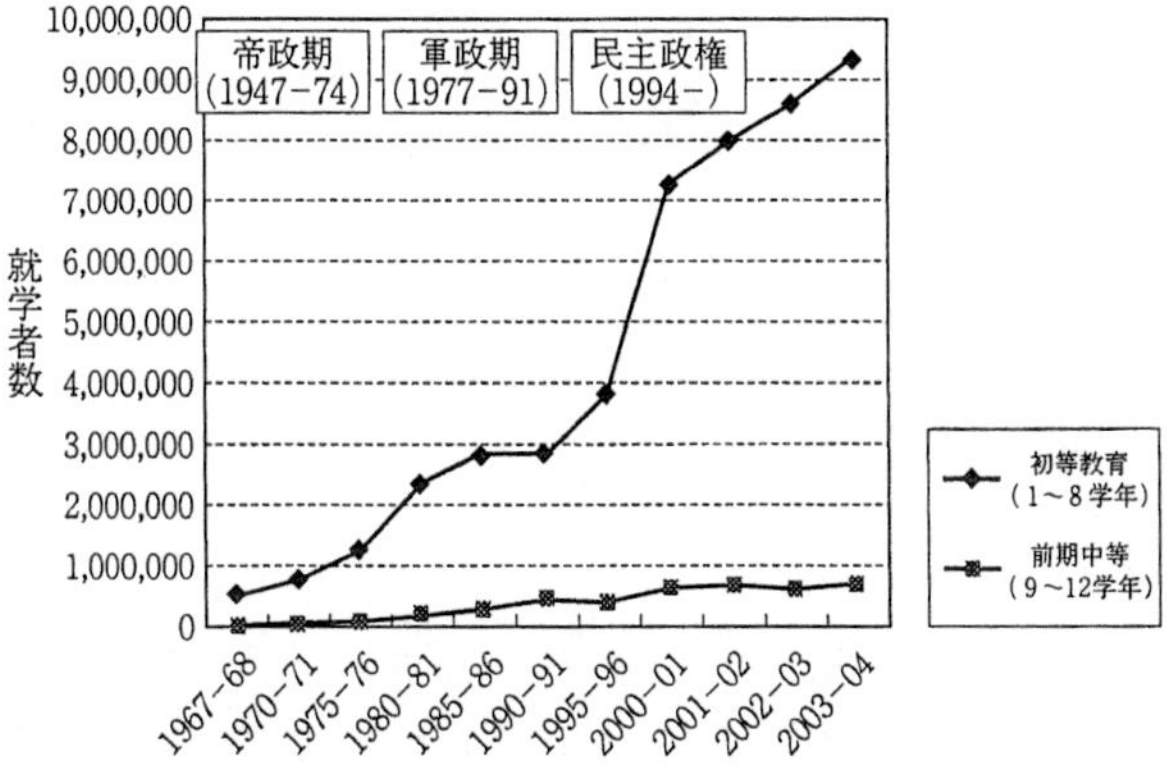

出所：1967～2002年就学率－World Bank 2004：22.
2003～2004年就学率－Ministry of Education, Ethiopia (2004, 2005).
初出：山田（2008c)。

的に就学率の拡大という形で現れたケースであった。

もちろん、これだけ急激に就学率が拡大するということは、エチオピアのような行財政キャパシティも限られている最貧国では、さまざまなひずみを生む。政府の教育統計からは、教育の質や地域、性別、その他社会経済的要因による教育機会の格差の問題がいまだ深刻であり、初等教育の質・量両面での達成と教育機会の公平性確保に向けて多くの課題があることがわかる。

同時に、急速な就学拡大は、農

村や家族に決して小さくない影響を及ぼしているはずである。教育開発専門家は、学校教育が農村の社会活動の1つであることをあまり見ずに、教育の意義や効果のみを社会と切り離して考えがちである。当然、教育には教育としての意義や人間成育への役割があるが、家族は社会のなかにあって、学校に子どもを就学させるかどうかは、将来や家庭のニーズに応じて判断してきたのである。「すべての子どもを学校へ」という初等教育普遍化(UPE) 政策は、家族の選択の問題であった児童の就学を、「子どもは学校に行くべき、親や社会は子どもを学校へ行かせるべき」という権利・義務の発想に置き換える、思考転換の政策でもある。実際、アフリカの農村社会では、教育は将来のための投資の一形態で、家庭内のリスク分散のためにもすべての子どもを学校に行かせない場合が多いと指摘している研究者は少なくない。つまり、家族を単位として、その生存を考える場合には、全員が同じような仕事に就くのではなく、農業をやる者、教育を受け、給与所得のある仕事に就く者、商売をやる者などがいることで、農業が不作な時は別の家族が助け、一方、都市での生活が不安定になったら農村に戻る、といったことが可能なほうが望ましい。こういう考え方は、成功した個人を当てにして、親戚がよってたかって依存する、という事態にもつながり、アフリカの国家が、権力者の身内や同民族の人々に私物化されやすい、といわれる原因でもあるが、他方、決して肥沃でない土地で長年生活してきた社会集団にとっては、当然の発想であるかもしれない。

学校が外生的にもち込まれる社会では、当初は人々が強い反発を示すことは珍しくない。明治期の日本の農村でもそういうことはあったし、アフリカで、キリスト教宣教師が学校を開いた19世紀頃には、伝統的な社会構造のなかで、権力のある人々は、自分の子弟ではなく、身分の低い人々や奴隷の子どもを学校に行かせたといわれている。21世紀に入って、エチオピアで私が調査をしているオロミアの農村社会でも、学校の意義に対する認識は十分にあったが、だからといって、すべての子どもを行かせる必要がある、またできると考えている親は多くなかったと思われる。ＵＰＥ政策の思想的基盤である「個人の権利としての教育」という考え方は、家族の投資の一形態として教育を見ていた農村の人々にとっては、新しいものであったろう。実際、私は毎年調査をしていて、２００５年までは、「女の子は学校に行かなくていい」とか「子どもは全員学校に行っているわけではない」ということを、別に恥と思っているふうもなく話す親が多かった。２００５年頃には、「学校に行っていない子どもがいると、郡政府から罰金を科されるから行かせる」といった上からの強制を想像させる発言もあり、ＵＰＥ推進のために、国家がかなり介入している様子が見られるようになった。そして、2006年に行って、最も驚いたことは、農民の口から「教育は子どもの人権だから、女の子でも学校に行かせる」、「学校に行かせないなんて、時代遅れのことをしていたら近所の笑いものになる」といった発言が出てくるようになったことである。この頃から、よく聞いてみると、すべての子どもを学校に行かせているわけではないのに、最初は、「ほとんど全員行っている」といったあいまいな言い方で、行っていない子どもの存在をあまり公にしたくない感じも出てきた。なぜ、1年でこんなに反応が変わったのか、と考えて、思い当たったのは、私が訪ねていない間に起きた2005年5月の国政選挙であった。UPEを推進するために、教育省、地方教育事務所、学校がさまざまな就学促進活動を始めたのは、選挙以前からであったが、選挙では、政権党も野党も、マニフェストに「教育機会の拡充」を挙げ、村での選挙集会や、個別訪問で、教育の重要性を訴え、自分の党に投票したら、子どもに教育の機会を保障する、と話して回ったのである。

このように、教育（特に小学校）は、村レベルでも目に見える行政サービスなので、国民の支持を取り付けるための政治的な道具になることは少なくない。それと同時に、私は、教育は人権か、投資か、という、国際的な教育開発・協力で長年議論されていることが、アフリカの村で、子どもを学校に行かせるかどうかの判断にも関わっていることに驚いた。教育を人権とみなすユネスコを中心に推進されている「人権アプローチ」は、子ども1人ひとりの学びを重視する、教育学者的発想に近く、人的資本の効果的・効率的蓄積のための手段とみなす経済学的アプローチよりも学習者のニーズに配慮した考えだと一般に思われている。しかし、少なくとも、エチオピアの私が調査している場所では、親は、意外と教育は権利としてではなく、投資として見ていたのであり、行政や政治による外的な介入があって初めて、教育が人権だという考え方が広まったのである。エチオピアに限らず、親が非識字者であったり、学校経験が少ない場合、学校が何を教えるか詳しくは理解できず、学校で学ぶ内容に期待をして子どもを学校に行かせるということは少ない。親にとっても子ども自身にとっても、学校への期待は、今の生活での行き詰まりを打破してくれる新しい道、現金収入を得られる、もっといい生活につながる何か、である。その「何か」が具体的にどういうものであるかは、彼らもあまりはっきり見えていないことが多いが、教育の質が低く、教員、教材が不足し、教室の床いっぱいに子どもが座って授業を受けている学校に通うことが、そうした期待に応えるものを提供できるのかは悩ましいところである。

さて、このように、行政、政治による介入もあり、エチオピアの農村では、急激に就学率が拡大したが、その陰で、コミュニティや親は大きな負担を強いられている。これまで述べてきた通り、政府には完全にUPEを実施するキャパシティがなく、財政的には援助機関やコミュニティ、親への依存が高くならざるを得ない。学校の施設建設(教室、教員宿舎、校庭の整地、塀)がコミュニティの負担で行われるべきことは、政策文書にも明記されているが、そのほか、政府統計に表れないが、コミュニティが給与を払っている無資格教員も少なくない。守衛を雇っている学校も多い。また、子どもを就学させるための支出は、制服や教材など、授業料以外にも多く、家計への負担は決して軽くない。

子どもが家にいないことによって失われる労働力というのも、経済的インパクトの1つであろう。筆者が調査を行った農村部では、就学キャンペーンのおかげで、ここ数年、家事や農作業、その他の仕事を手伝うために家にとどまっている子どもは減った。しかし、幸か不幸か、施設不足のため、ほとんどの学校は二部制、三部制を取っていて個々の生徒が学校にいる時間は半日以下となる。そのため、現状では、子どもは1日の何時間かは家族の手伝いができ、労働力の問題は、なんとなく対処できている部分もある。エチオピアでは、土地の所有や農業の形態が多様である。筆者が訪れた地域のなかでも、場所によっては、土地が貧しい上、家族当たりの耕作面積が狭い。そのため、家族は、子どもの労働力を必要とするほどの仕事がないだけでなく、将来、家にとどまられても養えないので、学校へ行って、現金収入の得られる仕事について出て行ったほうがいいと考える傾向がある。他方、土地の規模が大きい地域では、労働力不足で、特に収穫期には、子どもが学校に行っていれば、代わりの人を雇うか、その費用が出せなければ、一時的に学校を休ませることになる。このように、子どもの就学は家庭に直接、間接の経済的インパクトを及ぼしている。

このような困難のなかでも、親やコミュニティの学校に対する期待は目を見張るものがある。毎日の生活すらままならない人々が、子どもの教育のためには、相当の犠牲を払うし、教師や金銭的に余裕のあるコミュニティ・メンバーが、貧しい子どもの教育費を私費で支援するということもよく見られる状況である。もともと、一部の子どもしか学校に行っていなかったときでも、小学校を出たら中学校、高校と、少しでも高い段階の教育を求めて親や生徒自身が多大な犠牲を払うというのは、いろいろな土地で見られる現象である。いまや、就学率が90%を超えて、もっと身近な場所に少しでも高い教育段階の学校がほしい、という欲求はますます高まっている。それと同時に、村レベルでは、学校を出たら出稼ぎをする、というパターンが形成されつつある。就学機会の拡大により、学校を通過儀礼として、労働移動が加速される可能性もある。こうした就学拡大をきっかけとした社会変化は、アフリカだけで見られる現象ではないだろう。日本でも、高度成長期に農村から都市への人口移動が加速したように、人々は教育を求めて地方都市へ、やがてさらに大都市へと移動していく。それは、社会の進歩の1つの過程に過ぎないということもできるかもしれない。一方で、教育開発専門家が、そうした学校が学校外の社会にもたらす多大な影響をあまり考えず、教育機会を増やすことが人権保障につながるという単純化した論理で事業を推し進めることには、留保が必要であろう。それは、学校の量ばかり増えて質が伴わない、という学校内の問題だけでなく、その社会にとって、学校という外的な存在がもたらす価値変容や伝統の喪失に対して、我々は責任をもてるのか、そこまで考えてやっているのか、という自省の視点でもあると思っている。

（2）学校間格差、費用と公平性

大学まで日本で教育を受けた私にとって、どの学校に行くか、というのは一大事だったが、学校に行くか、行かないかで悩んだことはあまりない。大学時代に、大教室での授業ばかりで、学校に行く意味がわからなくて、「やめようかな」といいだしたことはあったように思うが、大して本気ではなかったし、当然親に一蹴された。しかし、「学校なんて行くぐらいなら働け」とか、「うちにはそんなお金はない」といわれて、それでも学校に行きたくて、大変な努力をして学校に来る人が、世のなかにはたくさんいる。

さきのエチオピアの例は小学校の事例だが、私はもともと中等教育を中心的に研究しているので、ガーナでは、しばらく、セントラル州というところで、高等学校の調査をしていた。ガーナは西アフリカの英語圏の国で、日本ではチョコレートの原料のカカオの生産地として、また、黄熱病の研究者であった野口英世が客死した国としても知られている。西アフリカでは珍しく、大きな国内紛争がなく、政治が比較的安定しており、金、ダイヤモンド、ボーキサイトといった鉱物資源やカカオなどの農産物を輸出しており、アフリカでは中の上ぐらいの経済力といえるだろう。近年では、油田も発見され、油田開発がなされれば、ますます外貨獲得の可能性がある。油田は巨大な利権の温床になるので、紛争の火種になりかねず、危険だという意見もあるが、いずれにしても経済開発の条件には比較的恵まれた国である。

さて、そのガーナの教育だが、英領植民地の時代から、教育はかなり進んでいて、すでに独立時には、エリートを養成する複数の高等学校があり、独立前の1948年には、現在のガーナ大学の前身であるゴールドコースト大学が設立されている。基礎教育の粗就学率も長年にわたり、80％近くと、近隣諸国より高水準で推移しており、2000年代に入ってUPEが推進されると、100％を超えた。エチオピアのように、急激に就学率目標を達成した国と違い、もともと教育制度がある程度できているところに、就学率が拡大したので、近年、新しい学校運営の方法が導入されたりはしているが、教育に関する状況が極端に変化したわけではない。しかし、そのガーナでも、基礎教育を終えて、高等学校に進学できるのは、基礎教育修了資格を獲得した人口の3割程度に過ぎない。これは、国の政策で、修了資格取得者のだいたい3割を合格させることに決まっているからで、基礎教育修了者の数が増えれば、高等学校入学者も増えるが、割合は変わらない。

さて、私が調査を行ったセントラル州の州都は、ケープコーストという町で、昔は植民地政府の中心であり、歴史の古い高等学校の多くは、ケープコーストにある。これらは、現在でも、ガーナ全域から成績のいい生徒ばかりが集まるエリート校である。では、セントラル州全体が、ガーナのなかで教育水準が高いかというとそうでもなく、一部のエリート校と小さい町や村の学校の格差が激しいのが実情である。2005年に私が行った調査では、ケープコーストにあるエリート校と、幹線道路沿いにある町の高等学校、農村部にあるコミュニティ・スクールをそれぞれ2校ずつ取り上げ、合計6校で、普通科の生徒が1年間学校に通うのに、どのくらい費用がかかっているかを比較した。コミュニティ・スクールというのは、ガーナ政府の1986年の教育改革のときに始めたものだが、寮がなく、政府の支出が少なくて済むだけでなく、生徒の家に近く、家から通える。また、親やコミュニティが学校運営や教育に関心をもって積極的に関われる、という理想的な学校形態といわれてきた。実際、政府から高等学校に配布する補助金の生徒1人当たりの額は、寮生と通学生では4倍も違うし、そのほかに寮監として住む教師の給与や施設維持管理、食事のまかないなどの費用もあるので、政府から見ると、寮制の学校はコストが高い。高等学校の数が限られていて、エリート養成の機関であるうちは、それでもいいのだが、ある程度大衆化してくると、すべての高等学校に寮を設置しなくなるのは、どこの国も同じである。しかし、ガーナで私が見出した問題は、まず、このエリート校、町の学校、コミュニティ・スクールの教育の質に大きな差があったことである。もちろん、高等学校段階では、学力によって生徒が振り分けられるのは当然なのだが、州都から離れた学校だと、補助金や教科書が十分に届かず、電気が来ていないために、暗くなると授業ができない。

教師は、学校の敷地内で生活しているのだが、町から離れた電気もない場所に住むことは、教師にとっても大変であり、よほど教育への情熱がなければ続けられない。それに比べて、都市の学校は政府の補助を受けやすく、さらにエリート校だと卒業生からの寄付などもあるため、学校間の教育の質には大きな差がある。

生徒は、高等学校に進む際に、成績で振り分けられ、基礎教育修了試験（ＢＥＣＥ）の総合点が高い生徒はエリート校、その次が町の学校、最も成績の低い者が、コミュニティ・スクールに行くことになる。では、どういう生徒が基礎教育修了試験で好成績を収めるかというと、本来の能力はもちろんだが、中学時代にどのような教育を受けたかが大きく影響する。ガーナでは高校はほとんど公立だが、中学は私立も多く、学費の高い私立校は、教育熱心で経済力のある家庭の子供が多く集まっており、ＢＥＣＥでの実績も高い。アダ・メンサーというガーナ人の研究者が１９９９年にウェスタン州のアハンタ西郡の28の中学校の生徒を対象に行った調査では、基礎教育修了試験の総合点で上位１割までに入った公立校出身者は１名のみである。ＢＥＣＥは、最高得点が6、最低は60で、数字が小さいほど高成績なのだが、総合点6から20までに入った公立校生は3％に過ぎなかった。逆に、私立校出身の受験者で総合点が20に満たなかったものは9％のみである（Addae-

Mensah 2000, 22–23)。エリート高等学校に入るには、総合点が最上位になければならず、実際、私の調査でも、このカテゴリーの学校の生徒は、9割近く（87・7％）が私立中学出身だった。アダ・メンサーの報告によると、公立の小中学校の保護者にかかる年間費用は22、000セディ（約2・4ドル）（授業料4、000セディ＋諸雑費）だが、私立は約2、000、000セディ（約222ドル）（授業料780、000セディ＋諸雑費）と、91倍も差がある（Addae-Mensah 2000, 18–19）。

このように、生徒が私立中学出身であることと、親の経済力および教育水準と関係が深い。保護者の職業に関する質問の回答で、コミュニティ・スクールからの回答の73％は運転手、行商、小農といった収入が低く不安定な職業であったのに対し、エリート校で同様の職業に就いている保護者は13％のみであった。親の経済力を知るため、この調査では、家財道具の数と種類を訊いた。自給自足農家など貨幣形態の収入が少ない場合、あるいは収入が不安定だったり小額ずつ日ごとに収入がある場合などに、年収を問うことが難しいからである。その結果、エリート校の保護者の6割は、アンケートで挙げたすべてのアイテム（家、テレビ、冷蔵庫、オートバイ）をもっており、町の学校でこれらをすべてもっている保護者は22％、コミュニティ・スクールでは2％だけだった。教育レベルに関しては、エリート校の保護者の40％は大学出身者だが、コミュニティ・スクールの保護者の40％は中卒である。総じて、親の経済レベル、教育レベルはエリート校で最も高く、町の学校、コミュニティ・スクールの順で低くなっている。

第2章で紹介した教育理論をあてはめると、ガーナの学校教育は、社会階層を再生産しており、貧しく、教育のない親の子どもは、本人がかなり頑張っても、質の高い高等学校教育を受ける機会が非常に限られているのである。高等学校に行ける人々が、基礎教育修了試験に合格した人の3割に過ぎないのであるから、コミュニティ・スクールにすら行けない人々は大勢いる。したがって、コミュニティ・スクールに通っている人々は、資金面、学業面でも努力した結果、入学しているし、だからこそ、彼らのほとんどは、高校を卒業したあと、さらに教員養成校や看護士学校などの専門家養成校か大学に行きたいと思っている。実に44・2％のコミュニティ・スクール生が大学に行きたいと答えた（看護士学校23・1％、教員養成校21・2％）。大学に行きたいという生徒の割合は、エリート校（91・7％）や町の学校（61・9％）より低いが、それでもコミュニティ・スクールの生徒の抱負は高い。しかし、経済的な問題や、空腹、教材の不足などの障害で、コミュニティ・スクールでの留年、退学は多く、たとえ最終学年まで行っても、後期中等教育修了試験で無事合格点を取り、上級の学校に行けるものは非常に限られている。大衆とエリートの教育格差は、ガーナだけでなく、いろいろな国で見られるが、大衆は、この先は行き止まりだとは思えず、相当の努力をして学校に通い、それが何か新しい道を開いてくれると期待している。コミュニティ・スクールの生徒は、中学校を卒業してからしばらく働いて資金をためたり、それでも資金が足りなくて学校を途中で休んだりするので、エリート校や町の学校と比べると、生徒の年齢層がかなり高い。

ここで、もう1つ、ガーナの調査からわかったことは、コミュニティ・スクールは費用が安いはずだといわれていたが、それは、政府にとってであって、家計支出はほとんど変わらないということであった。エリート校や、町の学校では、毎学期の始めに、授業料の内訳と総額を示した請求書が来て、親はその金額をまとめて払う。しかし、コミュニティ・スクールでは、1回にまとめて払える人はほとんどいないので、生徒は、学校に借金を少しずつ返す形で授業料を納める。したがって、全体としていくらになったか自分でもよく把握していないことが多いのだが、私の調査で、3つのカテゴリーの学校の授業料を比較してみたら、コミュニティ・スクールが一番高かった。もちろん、これらは、たくさんあるガーナの学校の一部の例に過ぎず、これでガーナの高等学校の状況がすべて示せるわけではないが、「コミュニティ・スクールは安い」という仮説はあてはまらないことがわかる。また、さきに、コミュニティ・スクールは、家から通える場所にあるので、住居・生活費がかからない、と政府が想定していることを説明したが、実際に、交通手段も限られ、学校数も多くないなかで、自宅から通える生徒はほとんどいない。親戚のところに住んでいる学生も一部いたが、ほとんどは、近くに家を借り、その賃料や食費、光熱費などがかかっている。したがって、これらの学校に直接納入しない、しかし教育を受けるためにかかっている費用を総合すると、コミュニティ・スクールは安くない。それにもかかわらず、教育の質は低く、後期中等教育修了試験にもほとんど受からないということは、高等学校教育のためにかけた時間と費用、努力は直接的には報われない可能性が高いということである。家庭環境や経済力、住んでいる場所や性別、民族など、さまざまな要因が影響し、すべての人に教育の質と機会が公平で公正に与えられるようにすることは非常に難しい。しかし、そうした差が、時間を追うごとに拡大していく構造は、少しでも解消できればと思う。

さまざまな困難にもかかわらず学校を続けようとするコミュニティ・スクールの生徒と話していると、私は、自分はいったいここで何をしているのだろうか、と思わずにはいられなかった。日本の政府にお金を出してもらって博士号まで取った私が、自分ではしたこともないような苦労をしつつ、学校に行くことにここまで強い思いをもっている人々の、決して明るくない展望を知って、そのままにしていいのだろうかと。しかし、そもそも外部者である私が、当人たちと同じ立場に立とうとするのも無理がある。私は、せめて、見たことをしっかり分析し、「こういう問題に直面している人がいる」ということを政府や研究者、援助関係者などに伝えていかなければいけないと思っている。適当に話を聞いて、その場だけで済ませてはいけないと思っている。このガーナの研究は、もちろん、イギリスや日本の学会で発表し、論文にもしたが、ガーナ政府や援助機関の人に対してもプレゼンテーションを行っている。そうすることで、少しでも何か貢献できた気になるのは、私の自己満足だろうか。

(3) 学校で学ぶ知識と生活の関わり

学校で学んだ知識は何の役に立つのだろうか。私自身、小学校から大学院まで、随分長く学校にはお世話になったが、恥ずかしながら、今となっては何を学んだかさっぱり思い出せない科目も少なくない。今まで紹介してきた事例でも、「学校に行く」ことには相当のこだわりを見せる親や生徒も、そこで学ぶことの具体的な内容については、あまり言及しないことも多い。学校に行く本人や親にしてみると、学校に行ったあと、どうなりたいか、そのためにはどういう学校に行くか、ということの方が、具体的に重要な問題なのであろう。第2章でも述べたが、学校は、ある人が修了した教育のレベルや学校のランクによって、人を労働市場のなかで振り分ける機能を果たしていて、そこで何を学んだかは、実はあまり関係ない場合が少なくない。職業教育について、しばしば指摘されてきたのは、機械、縫製、木工、土木など、いろいろな分野に特化した技術を学校で教えても、訓練された技術の分野で就職する卒業生があまり多くない、という問題であった。したがって、中等教育段階での職業教育への国際協力は80年代以降、下火になっていたし、貧困削減パラダイムのなかで、当初はほとんど注意を払われなかった。しかし、第1章でも触れたが、ある程度基礎教育の量的拡大が落ち着いたことと、それでも貧困率が下がる兆しがない国が多いことを受けて、2000年代半ば以降、学校教育で実際に教えている知識や技術を、生徒の生活や、卒業後の雇用に関連付けることの重要性が指摘されるようになってきている。本章でも、民族数学の事例を示したが、思考的作業が不得手でない生徒でも、学校数学ができないというケースはある。日本で昭和初期に起こった「生活綴り方教育」

の運動について、第2章で紹介したが、学校と生活が切り離されることによって起きる知識の不連続の問題は、途上国だけではなく、日本でも指摘されてきたことである。近年、アフリカをはじめ、多くの途上国で、若年失業率が高くなっている理由の1つは、基礎教育の就学率が高くなったことで、農村に定着せず、都市に流入して、職探しをする若者が増えたことにある。学校に行くことが、若者が生まれ育った社会のバックグラウンドとの乖離を生み、親の職業を継ぐことを嫌ったり、伝統を軽んじることにつながる場合もある。また、都市に出た若者がなかなか望むような仕事に就けず、失業状態が長引くと、非行などの社会問題にもつながることになる。こうした問題を解消するために、最近では、基礎教育（特に前期中等教育）のカリキュラムのなかに、生活に根付いた技術や、雇用準備のための内容を盛り込む努力をする途上国も増えてきている。また、後期中等教育、大学やポリテクニック（高等専門学校）などの中等以降の教育を見直し、産業界のニーズに合わせた職業技術教育（Technical and Vocational Education and Training：ＴＶＥＴ）をしようと、さまざまな試みも行われてきている。

私は、「アフリカ社会では、学校はどういう役割をもっているのだろう」という自分のなかにずっとある問題意識から、学校と社会、雇用の関わりにも関心をもってきた。ここでは、ガーナの２００７年教育改革を事例に、学校で学ぶ技術と雇用の連関性を強める試みを紹介しておこう。

ガーナでは、ＴＶＥＴ改革は90年代初頭から繰り返し行われてきた。しかし、基礎教育などと違い、ＴＶＥＴは、教育省のほかに、労働・雇用省、産業省など複数の省庁にまたがる分野であり、教育省管轄の学校だけでなく、失業対策の職業訓練や、産業技術訓練など、さまざまな形で技術訓練が行われているため、全体像を把握することが困難である反面、どの省庁においても、主流の分野ではないため、ないがしろにされやすく、縦割り行政の谷間にはまりやすいという問題がある。ガーナの教育省でも、ＴＶＥＴ拡充の必要性が喧伝されているにもかかわらず、この分野に配分されている予算は、教育予算の15％程度に過ぎない。ＪＩＣＡが１９９７年よりセクター調査やマスタープラン作りなどを長期的に支援し、２００７年にはＴＶＥＴ法が議会で可決され、２００８年には、従来のものに代わる新しい省庁間および官民の調整機関が設置されたが、やはり、産業界と行政では、人材育成に対する考え方が違うなど、課題は多いようである。

現在進行中のＴＶＥＴ改革では、従来のＴＶＥＴが、教える側のカリキュラムの一貫性ばかりを考え、産業界の雇用ニーズに合っていなかったとの反省から、講義だけでなく実習の時間を増やし、特に、企業や小規模工場などでの研修（Industrial Attachment、以下ＩＡと称す）をＴＶＥＴ課程の必修とするデュアル・システムが強力に推進されている。

中等教育レベルのＴＶＥＴで行われるＩＡでは、小さい工場や作業所の親方に付いて見習いをするケースも多い。日本では、徒弟制度というと、伝統工芸や大工、料理人の世界などに大分限定されてきているが、第2章でも述べたように、伝統的な徒弟制度が、職工レベルの人材育成においていまだに最も有効なシステムである国は少なくない。西アフリカでは、徒弟制度が非常に活発で、高等学校の職業教育課程卒業者よりも訓練された技術分野での雇用可能性が高いと指摘されて久しい（Fluitman 1992）。このことは、学校ベースのＴＶＥＴが、産業界の刻々と変化するニーズに対応できず、社会的妥当性が低いことの証拠とみなされてきた。他方、徒弟制度は、親方と顧客の需給関係のなかで技術が蓄積、向上されるために、訓練のための大規模な設備投資や、特定の産業分野の成長のための戦略的技術革新は行えないという欠点もある。

現在、ガーナのＴＶＥＴ政策担当者の間では、ＩＡは、産業ニーズに対する教育の適切性を高めるための最良の手段のごとく議論されている。しかし、政策レベルの議論だけ見ていては、それが実際どのように行われ、行われたことによってTVETが雇用にうまくつながるようになったかはわからない。そこで、私は、2008年に、実際に、ガーナのクマシという伝統的な徒弟制度が盛んなことで有名な街に行き、中等教育レベルの技術学校（Technical Institute：TI）で、IAから帰ってきたばかりの第4学年の生徒150人（有効回答143）にアンケートを行った。

TIでのアンケートからわかったことは、IAがカリキュラムの他の部分とまったく連動していないことである。IAで実践的な技術を身につけたかどうかは、学位の取得にはなんら関係ない。アンケートに回答した143名のうち、TIから研修先に紹介状を書いてもらったのは10名に過ぎず、他は自力で見つけている。また、研修中にTIの教員が視察に来たか、という質問には、121名がNoと回答した。同様に、研修後の報告義務もない。また、IAの期間、地元企業で研修して、日当が払われた一部の者（40名）以外は、自分ないし保護者が費用を負担している。計画的に研修に配置しないため、IAは、TIでの学校教育が産業界の雇用ニーズに応えるような状況にはなっていない。結局、研修先を見つける苦労、費用、学位取得に無関係、といったことから、「ほとんどの学生は3学年の1年間、何もすることがなく家で時間を無為に過ごす（ある生徒の回答）」という結果になっている。その結果、学生は、「1年経って学校に戻ってきたら、最初の2年間で学んだことをほとんど忘れてしまった」り、「悪い態度を身につけて帰ってくる」。こうしたことから、アンケートに答えた学生も、TIの校長も、長期のIAには懐疑的であり、中央政府のTVET改革の方針にもかかわらず、現場レベルでは、教育の実用性を高めるのであれば、IAをやるよりは、学校での実習を増やしたほうがよく、IAは1年ではなく、休暇中だけでいい、という見解が聞かれた。

ガーナのTVET改革は始まったばかりで、中央政府の政策や制度の変更が、学校現場のレベルで成果を得るためには、しばらく時間が必要である。また、産業界と行政、伝統的な技能訓練制度と近代的な産業スキル開発の調整など、さまざまな課題がある。しかし、本来、教育は、学習者の生活に根ざした学びであることを考えれば、教育省の行政の問題としてだけとらえることはそもそも限定的なのだ。私は、TVETや産業スキル開発についていろいろと議論したり、研究したりすることで、途上国において知識や技術を学ぶことの実体的な意味がつかめるような気がしている。特に、徒弟制度という非常に発達した伝統的な技能習得の制度が、現代の職業技術需要に対して、どのように貢献しており、今後学校教育との接点でどのような可能性があるのかには、興味をもっている。徒弟制度も昔のままの技術をそのまま伝えているわけではなく、むしろ、顧客との直接的な関係のなかで技術形成していることから、顧客のニーズには非常に敏感で、先進的な科学技術には対応できないが、創意工夫による技術革新は遂げてきている。生きていくための技術、生活に根ざした知識・技能形成の1つのかたちとして、今後も調査を深めていきたいと思っている。

おわりに

ここまで述べてきてわかるように、人々が学校に通う理由は多様である。エチオピアのように、政府や政党といった権力によって就学がある程度強制力をもって促進されることもあれば、他方、同じ社会でも、親自身が、あらゆる犠牲を払って学校に子どもを通わせようとすることもある。自身が教育をあまり受けていない親が、学校で何を教えているかを具体的に知らないことは多いが、同時に、学校に行かなければ、広い世界を見ることもできず、今の生活では得られない新しい展望を迎えることもないと思う人は多い。自分が10代の若い頃に結婚させられ、苦労した女性などが、母子家庭なのにもかかわらず、子どもは、高等学校からさらに教員養成校に行かせたり、広い社会で活躍してもらうために奮闘するというケースはしばしば見られる。途上国において、学校での教授法がどうあれ、社会での階層移動を遂げる手段として、教育が機能するのであれば、それは望ましいことかもしれない。同時に、学校での教育の質に学校間で格差があったり、学校に行く機会が、生徒の社会経済的条件によって左右されるなど、学校が、社会格差を再生産している側面があることはガーナの高等学校の例でも明らかである。学習者の学ぶ意欲に関わらず、学校に行くための苦労や環境、学校での教育の質は、就学中のみならず、卒業後の生活にも大きく影響する。

このように、学校は、社会装置として、ポジティブな意味でも、ネガティブな意味でも、再生産や階層移動のための重要な役割を果たしている。同時に、やはり、学校での学びの内容そのものが、学習者やその社会にとってもつ意味も非常に大きい。普段の生活にまったく関わりのない概念や知識は、身に付きにくいし、また、卒業後も活用されにくい。むしろ、学校に通った人々を、伝統的な社会や知識のあり方から乖離させ、結局、社会にうまく溶け込めず、就業もしないまま時間を過ごしてしまう原因にもなりかねない。教育とは、社会の状況によって多面的な機能をもつものであり、どのような姿が望ましいのかは、時代や社会によって、そこに属する人々の立場に寄り添って考えていくしかないのであろう。

註

（1）純就学率は、学校に就学している者のうち、学齢外の就学者を除外して計算するが、粗就学率は、分母は学齢人口全体だが、分子には学齢でない就学者の数も含むので、学齢でない就学者の数が多い場合には、１００％を超えることもある。急速に学校教育が普及した地域などで、学齢のときには就学できなかったが、最近になって近くに学校が出来て就学した者が多い場合に、しばしば粗就学率が１００％以上になる。

終　章

本書では、教育開発、教育協力で何が行われてきたかを概観しつつ、途上国の社会で教育や学びがどのような意味をもつのかを考えてきた。私の限られた研究のスコープでは、語りつくせなかった部分も少なくないが、それは今後の課題とさせていただきたい。

1つ、ここまで論じてこなかったことがある。途上国の教育開発の実務、あるいは研究に従事することと、日本との関わりである。

序章で、教育開発専門家は、学士号は教育学で取っていない人が多いことを述べた。私自身がそうなのだが、私の所属する大学院を受験してくる学生にもそれは当てはまる。教育学部出身でなくても、教育学の基礎は勉強すればいい。それより大きな問題は、教育開発をやろうとする人々が、意外と日本の教育政策や現状に疎いことだ。他人の国の教育問題を云々する前に、自分の国の教育行政制度がどうなっていて、自分の身近なところにどんな教育問題があるのかを考えたことがなければ、どうして飛行機で何時間も飛ばなければ行けない国の教育問題が理解できるだろう。何かを理解するためには、自分のなかに、新しい知識や情報を関連付けられる基礎知識がなければならない。日本にも、学校を中退した人のためのノンフォーマル教育はある。そういう人はなぜ中退することになり、なぜまた教育を受けたいと思ったのだろう。そこで教えている教師はどんな課題ややり甲斐を感じているのだろう。あるいは、日本でも、ニューカマーの子どもたちは、日本語で学ぶことが困難で、学校になじめなかったりする。そういう子どもたちのために、日本語の習得を支援しながら、学校の勉強も教えてくれる特別教室もある。日本で、日本語を話せない子たちが抱える問題を知る努力をしたら、アフリカの多言語社会での教育についても、想像力が少し働くのではないか。

そこで、本書の締めくくりとして、途上国での教育実践や課題が、日本の教育と何らかの類似点や関連性があるのかどうかを少し考えてみたい。私は日本の教育問題の専門家ではないが、このように関連付けて考えることは、日本人である我々が、途上国の教育について研究したり、教育開発・協力の実践に関わるための自己確認の作業でもあると思う。

日本と途上国のつながり

（1）三位一体の改革

第1章で、1980年代に途上国で盛んに行われた構造調整計画や現在進行中の分権化政策と、日本の小泉首相が行ったさまざまな行財政の構造改革は、似ているところが多いと述べた。小泉政権が行った改革は、大雑把にいうと、肥大化した行政をスリム化し、民営化できるものは民営化し、規制が強くて多くの企業が参入できず、寡占状態になっていた業種の規制を緩和し、競争原理を導入することであった。象徴的なのは、郵政民営化であろう。郵政3事業（郵便・簡易保険・郵便貯金）のうち、特に保険と貯金は民業を圧迫しているといわれてきた。結果的には、完全民営化ではなく、3事業合わせて公社化したわけだが、その結論に至るまでの国会の紛糾や、衆議院の郵政解散は記憶に新しいことと思う。途上国における構造調整は、まさにこの小泉改革と同じような新自由主義の理念に基づいて行われた。途上国で80年代に行われたことを、21世紀になってから日本ではあれだけの抵抗を受けつつ導入し、今またその反動が起きていることを考えると、我々は自国ですらできないことを途上国に要求していたといえる。

これに関連して、教育行政に深い関わりがあるのが、地方分権化のための三位一体の改革である。三位一体の改革は、同じく小泉政権のときに導入された、財政の分権化策で、（1）国庫負担金を減らす、（2）税源を地方に移譲する、（3）地方交付税を見直す、の3つの改革を同時に行おうとしているため、三位一体と呼ばれる。国庫負担金とは、地方自治体が行う事業に対する国からの補助金で、地方交付税とは、地方税収入にばらつきがある地方自治体の行政サービスの格差を減らし、すべての自治体が「ミニマム・スタンダード」を満たすために配分される補助金のことである。この三位一体の改革では、「義務教育国庫負担金」を減らすかどうかで、激しい議論があった。義務教育に関しては、サービス提供の主体は地方だが、地域によって内容や質にばらつきがあってはいけないということで、中央から「義務教育国庫負担金」が地方自治体に交付されてきていた。しかし、この国庫負担金で行う事業は、法定受託業務であり、使途が明確に制限されているため、地方の独自性が出にくいという意見があった。そこで、これを、義務教育も地方自治体業務の1つとして、予算を一般財源に含め、自治体が方針、内容、予算配分を決められるようにしようというのが三位一体の改革の理念であった。地方6団体の代表などは、一般財源化を強く主張したが、他方、文部科学省は、義務教育はミニマム・スタンダードと教育内容の基準を維持すべき、と分権化に強く反対した。実際に、義務教育国庫負担金を完全に一般財源化したら、教育以外の目的に使われる可能性もあるし、どの程度教育に地方色が出るのか、各自治体にそうした教育を計画、実施するキャパシティがあるのかは不明である。「義務教育国庫負担金」は、教員給与の半分をまかなっており、これが廃止されれば、文部科学省が危惧するような自治体間格差が生まれることも十分考えられる。このように、三位一体の改革は、日本の義務教育の財源だけでなく、そのあり方、関係機関の役割についても議論を巻き起こしたのである（藤田　２００５）。

日本の三位一体の改革についての議論を知っていると、途上国で教育財政の分権化が進められているのを見たときに、教育行政を分権化すると、どういう利点や弊害が起こりうるか、どの程度までは中央の教育省がコントロールすることが教育の質の確保につながり、そのためにはどの程度財政を分権化すべきか、といったことが具体的に想像できる。国際的に、分権化が望ましいといわれているので、きっとそうなんだろう、と思っているだけでは、なかなか分権化しない政府を「改革が遅い」と批判することになりかねないが、改革が遅いのはガバナンス能力が低いからなのか、そうしない方がその国では理にかなっているのかは、見極めなければならない。

(2) 塾、補習

塾や補習は先進国特有の存在だと思ったら間違いである。途上国でも、補習は、影の学校といわれるぐらい、盛んなケースも少なくない。途上国では、教員給与があまり高くなく、給与だけでは生計が成り立たない場合が少なくない。そのため、教員は、自分の生徒たちを相手に、授業時間外で補習をし、生計を補うのである。また、私がガーナで知っている例は、カリキュラムの内容が多すぎて到底3年間の高等学校教育の通常授業時間ではカバーしきれないので、補習をするというパターンで、事実上、ガーナの高等学校では、エリート校、コミュニティ・スクールに関わらず、補習は常態化していた。このように常態化すると、教師は、後期中等教育修了試験の準備のための重要な内容は、補習を受けないと教えない、などといった方法で、事実上、補習を必修化してしまうので、親の経済力によって、生徒の学習内容に差がでてしまうという問題がある。同時に、カリキュラム内容を通常授業時間内でカバーできない状態が長く続いているのに、内容を軽減しないという、政策と実態のミスマッチが、補習の存在を前提とした学校制度を生んでしまっている。

日本では、塾の存在が受験戦争の悪弊のようにいわれたこともあったが、ゆとり教育で、学校で教える内容が軽減され、一方、受験で要求される知識は軽減されないということで、塾はまさに影の学校として、学校教育制度を側面から支えているとまでいわれる状態である。子どもの多くが塾に行く状態だと、一種のクラブ活動のようになり、友達に会うのが楽しいから喜んで塾に行く、というケースもあるようである。

塾や補習は、私立学校とも違い、教育官庁の監督を受けない教育機関である。したがって、教育行政だけ見ていても、これらの影の学校の動きは把握できない。一方、塾や補習は、授業料を払う親や生徒のニーズに適切に対応することによって信頼と利潤を得るので、受験や教科理解の定着といった、特定の顧客の期待には、学校以上に適切に応える可能性がある。もちろん、人格形成や、社会性を身につけさせる、といった、教科知識以外で学校教育が担っている役割は果たさないので、学校を代替できるわけではないが、影の学校である塾や補習が果たしている役割を含めて考えないと、子どもの学校（影の学校を含む）体験の全体像はつかめないといわれる。ブレイという研究者は、世界のさまざまな国の補習の状況について比較調査を行っているが、こうした比較の視点で、日本と、途上国を含む諸外国を見ることも重要かもしれない（Bray 1999）。

（3）マイノリティ教育

私は、名古屋に引っ越して2年弱だが、愛知県には、昨年まで好調だった製造業で雇用されているブラジルなどから来た日系移民（ニューカマー）の人々がたくさんいて、彼らの子どもたちの教育支援も行政、NPOなど、さまざまな主体が行っていることに感銘を受けている。ニューカマーの教育について、専門的に研究しておられる先生や学生が、私の所属する名古屋大学だけでもたくさんおられるので、私などが出る幕ではないのだが、途上国の教育研究との関連で少しだけ触れておきたい。

日本では、ごく少数の例外を除いて単一民族で構成される国家だ、という「神話」が長く存在したし、海によって外界と隔離された定住農耕民の社会なので、日本人なら当然知っている（と暗黙のうちに想定されている）言語や文化習俗などを知らない人と共存することに慣れていない。どの社会でも、異質な人々に対しては、多数派への完全な同化を求めるか、排除するか、異質なものとして受け入れつつ共存する道を探すか、3つのうちどれかの方法を選択する。異質な人が少数のうちは、排除できても、移民が、単身の短期労働者ではなく、家族ぐるみの長期滞在者になれば、子どもの教育も含め、ある程度社会に同化しつつ、社会の方も彼らのもち込む異質な文化習俗を受け入れる方途を見出さなければならない。移民の教育は、移民の側から見ると、母社会の言語や歴史、文化についての知識継承に関わる問題である。同時に、子どもは、移民先の社会に馴染んで生きていくために、そこの言語をマスターすることはもちろん、滞在が長期になればなるほど、移民先の社会において、学校教育で成功し、職を得なければならない。日本でのニューカマーに限らず、ヨーロッパ、北米などには、アフリカ、ラテンアメリカ、アジアなどから、多数の移民が家族ぐるみで移住している。彼らのほとんどは、自国よりも多く稼げる先進国を目指してくる途上国の人々である。途上国の研究をしている人が、その国から出ている移民についても研究しているという例は少なくないが、もともといた母社会がどういう文化をもち、そこでどういう生活をしていたか、ということは、当然のことながら、移民の行動や考え方に色濃く反映される。途上国の教育研究と、日本を含む先進国でのマイノリティ教育の研究が相互に貢献できることは多いように思う。また、多数派あるいは支配的な社会集団が学校教育の内容を決めるのは世の常で、マイノリティをそこに、一定の独自性を維持しつつ、どの程度同化させるか、といったことは、先進国における移民だけの問題ではない。多民族、多言語の国は途上国のなかには多いが、そこでの教育言語を何にするかは、民族のプライド、独自性といった文化的、思想的側面だけでなく、学習の効果・効率という点からも極めて複雑な問題である。

（4）コミュニティ・スクール

学校、保護者、地域の連携を図ることが、教育の質の向上につながる、という議論は、途上国でも盛んに行われているが、日本でも、コミュニティと学校の協働の事例が数多く報告され、平成16年度から、文部科学省が、これら三者の連携を支援する仕組みとして、「コミュニティ・スクール（学校運営協議会制度）」という制度を作った。平成21年4月1日現在で、478校がコミュニティ・スクールに指定され、学校運営協議会を設置している。

教育は学校だけではできない、親も地域も主体的に関わることで、学校の運営も、そこでの教育の内容も向上するのだ、ということは、多くの人々に指摘されている。特に、小学校はもちろんだが、私学を志向する保護者が増え、公立中学校の教育の質が問われ直すなかで、コミュニティ・スクールの考え方は、近年注目を集めている（志水　2008：苅谷他　2008）。

文部科学省が「コミュニティ・スクール」という制度を作ったので紛らわしいが、制度的な指定を受けなくても、日本では、学校改革の一環として、学校が地域や保護者との協働を図っている例は枚挙にいとまがない。

途上国では、分権化策の一環として、学校運営に住民参加を促進することが奨励されている。住民が運営に主体的に関わることによって、学校の計画づくりやその実施、教師の欠勤や生徒の不登校などを減らすための巡回、財務管理などが地域住民の合意の上に実施され、学校も地域に対して責任をもった質の高い教育を行うようになる、というのが理念で、村や町の議員や、長老、女性、ＰＴＡの役員、学校長などで構成される学校運営委員会をすべての小中学校で組織するように義務づけている国も多い。途上国で、このような学校レベルの住民参加を進める要因として、権限の学校レベルへの移譲や意思決定への住民参加といった理由のほかに、中央政府の財政負担を親や地域に肩代わりさせるという側面も無視できない。「主体的参加」には、学校運営に必要な場合には、親や地域住民に働きかけて資源を動員することも含まれるのである。

教育開発・協力の世界では、学校への住民参加は、近年注目を集めてきた分野で、さまざまな研究もなされているし、このテーマで修論を書く学生も少なくない。ＪＩＣＡが、住民参加型の学校運営のプロジェクトをいくつかの国で実施し、ニジェールの「みんなの学校」など、国際的に高い評価を受けているものもあるので、そうしたことからも注目が集まっているのであろう。

日本でのコミュニティ・スクールの考え方と途上国でのそれは、学校がおかれた状況や対処しようとする課題の違いから、必ずしも同列で対比できるものではないが、日本でもいろいろな試みや調査がなされているので、これらを教育開発や協力にも活かしていくことは重要であろう。

ところで、本書の第3章のガーナの高等学校の話題のところでも、「コミュニティ・スクール」という言葉を使った。実は、コミュニティ・スクールという言葉は、アフリカでは歴史が古い。途上国では、行政が学校を作ってくれるのを待っていると、なかなか地域の子どもの教育機会が得られないので、親や地域が寄付を出し合って学校を作るという伝統があるケースが少なくなく、地元のイニシアチブで作られる学校のことを広くコミュニティ・スクールといってきた。学校建設自体をコミュニティが行うものを指している場合も多いので、行政側から働きかけて学校運営に住民を参加させようという考え方とは似て非なる部分がある。むしろ、住民側から行政に働きかけても希望が満たされないために、住民自身が学校を建設・運営してしまうという意味で、非常に積極的なコミュニティ参加であり、学校運営委員会を組織し、そこに住民の代表者が入るという制度化された参加よりも、強い動機をもっている例が多い。住民参加といえば、学校運営委員会の活動状況を調べる、という紋切り型に陥ると、こうした地域のダイナミズムをつかみ損ねる可能性があるので、注意が必要であろう。

おわりに

本書では、教育開発や教育協力について、さまざまな分析の視点、方法、テーマなどを紹介してきた。考えるべきテーマや切り口はいろいろとあり、私の頭のなかでも完全に整理されているわけでもないので、読者の方々に混乱をきたさずに伝えきることができたか心配ではある。しかし、日本人である我々が、自分が属する社会とは違う途上国に出かけて行って、そこで教育開発を支援する活動をしたり、研究をするにあたっては、自分の社会での教育を考えるのと同じ、あるいはそれ以上の努力を払って、その社会での教育の意味や役割を考えるべきだというメッセージは一貫させてきたつもりだし、本書の内容の一部でも、心に留めていただければ何よりの喜びである。

教育開発や教育協力のあるべき姿について、国際的な場面では、時代を追って、さまざまな潮流があったことは第1章で述べた通りである。しかし、そうした潮流は、教育を、人的資本の蓄積、知識や技術の向上といった機能的側面において、多様な途上国を一定の類型に分類して、いくつかの処方箋のなかから選択してあてはめる、といったものであり、学習者や特定の社会状況に十分配慮してきたとはいえない。数多くの途上国に対して援助を行う側からすると、ある程度俯瞰で状況を見て、モデル化することは必要である。しかし、教育開発・協力の議論で、実は置き去りにされているのは教育学的視点ではないか、というのが、私の第2章での問題意識であった。しかし、同時に、本書で指摘したのは、教育学という学問体系自体が、西欧の特定の社会的、時代的背景のなかから生まれてきたものであり、それを西欧以外の社会にあてはめるのには限界があること、さまざまな社会において、「学び」、「教育」の本来の意味を理解しようとするならば、その社会自体がはぐくんできた教育思想に立ち返らなければならないと思う。こうした社会の根本にある思想と、教育開発が推進する「学校」中心の教育をつなげる作業は、容易ではない。植民地支配によって、もともとある社会思想が断絶してしまっている途上国は言うに及ばず、日本など、政府が自発的に近代化とそれに伴う学校教育を導入したケースでも、近代化は、旧来の物事のあり方、考え方の多くを否定し、過去のものとして捨てているからである。

しかし、よい就職のために少しでも高い教育段階まで行きたい、といった学歴信仰は、決して学校の「学び」の側面を重視した考え方ではない。アフリカの村で、人々が多大な犠牲を払って学校に行こうとする、その思いに感銘を受け、結局彼らの思いは裏切られてしまう教育機会の不公正を目の当たりにしても、それは、学校が人々に階層移動の機会を与えたり与えなかったりするという社会的機能の問題であって、学校がその社会で求められる「学び」を提供できているのかとは別の話である。「学び」とは、知識を得ることであり、自らに目覚め、解放することであり、社会のなかで居場所を見つけていくことだとするならば、教育開発・協力は、それを達成することを目指しているのだろうか。こうした、学校だけ見ていてはわからない問題を、しかし、まだまだ学校を通じてしか見ることができていないことに、我ながら忸怩たる思いがある。この、日本では比較的若い研究分野に多くの人が関わり、多様な視点から、より深い議論をできるようになることを願っている。

引用文献

秋吉博之『理科教員研修の指導と評価：ケニア理数科教育強化計画での実施』多賀出版、２００９年。

アリエス、フィリップ著、中内俊夫・森田伸子編訳『「教育」の誕生』藤原書店、１９９２年。

アンダーソン、ベネディクト著、白石さや・白石隆訳『増補　想像の共同体：ナショナリズムの起源と流行』ＮＴＴ出版、１９９７年。

井ノ口淳三編『道徳教育』学文社、２００７年。

イリイチ、イヴァン著、東洋・小澤周三訳『脱学校の社会』東京創元社（元著１９７０年）、１９８１年。

ウォーラーステイン、イマニュエル著、河北実訳『近代世界システム』岩波現代選書（元著１９８１年）、１９７４年。

内海成治『国際教育協力論』世界思想社、２００１年。

江原裕美『内発的発展と教育』新評論、２００３年。

江原裕美『開発と教育：国際協力と子どもたちの未来』新評論、２００１年。

岡倉登志『アフリカの歴史：侵略と抵抗の軌跡』明石書店、２００１年。

岡田亜弥・山田肖子・吉田和浩編『産業スキルディベロプメント：グローバル化と途上国の人材育成』日

本評論社、２００８年。

小川啓一・西村幹子・北村友人編『国際教育開発の再検討：途上国の基礎教育普及に向けて』東信堂、２００７年。

小野由美子・近森憲助・喜多雅一・小澤大成『南アフリカ中等理数科教員再訓練計画（ＭＳＳＩ）における授業研究の導入について：２０００―２００１』鳴門教育大学研究紀要（21）、１５１―１６１ページ、２００６年。

カイ、クリストバル著、吾郷健二・小倉明浩・安原毅訳『ラテンアメリカ従属論の系譜　ラテンアメリカ：開発と低開発の理論』大村書店、２００２年。

外務省『政府開発援助（ＯＤＡ）白書２００７年版』外務省、２００７年。

外務省経済協力局『わが国の政府開発援助　上巻』（財）国際協力推進協会、１９９０年。

上別府隆男『日本の国際教育協力政策の展開：１９７０年代～１９８０年代』斉藤泰雄編『わが国の国際教育協力の在り方に関する調査研究』プロジェクト研究報告書。国立教育政策研究所、２００９年。

苅谷剛彦・清水睦美・藤田武志・堀健志・松田洋介・山田哲也著『杉並区立「和田中」の学校改革』岩波書店、２００８年。

グハ、ラナジット・ギャーネンドラ、パーンデー・パルタ、チャタジー・ガヤトリ、スピヴァック著、竹中千春訳『サバルタンの歴史：インド史の脱構築』岩波書店、１９９８年。

黒田一雄・横関祐見子編『国際教育開発論：理論と実践』有斐閣、２００５年。

国際協力機構（ＪＩＣＡ）『ＪＩＣＡ教育分野実績』ナレッジサイト、２００９年。http://gwweb.jica.go.jp/km/FSubject0101.nsf/VW0101X02W/46D8B847B58649 6B49256C0600 3380BC?OpenDocument&sv=VW0101X15W　２００９年７月13日アクセス。

後藤一美『日本の国際開発協力を問う』後藤一美・大野泉・渡辺利夫編「日本の国際開発協力」日本評論社、２００５年。

コンドルセ他著、阪上孝編訳『フランス革命期の公教育論』岩波書店、２００２年。

サイード、Ｅ.Ｗ.著、今沢紀子訳『オリエンタリズム』平凡社ライブラリー（元著１９９３年）、１９７９年。

斉藤泰雄編『わが国の国際教育協力の在り方に関する調査研究』プロジェクト研究報告書。国立教育政策研究所、２００９年。

斉藤泰雄編『日本の近代化と教育の発展』独立行政法人国際協力機構編「日本の教育経験：途上国の教育開発を考える」東信堂、17―61ページ、２００５年。

サックス、ジェフリー著、鈴木主税・野中邦子訳『貧困の終焉：２０２５年までに世界を変える』早川書房、２００６年。

澤田康幸「経済学からのアプローチ」黒田一雄・横関祐見子編『国際教育開発論：理論と実践』有斐閣、61―79ページ、２００５年。

澤村信英編『アフリカの開発と教育：人間の安全保障をめざす国際教育協力』明石書店、２００３年。

自由民主党『教育基本法改正Q&A：教育基本法改正に向けた主な論点』自由民主党、2006年。

シュルツ、セオドア著、大江伸子訳「人的資本投資」『アメリカーナ　人文・社会・自然』第7巻、11号、1961年。

関啓子「近代教育：葛藤の小史─祖国を追われたコメニュウスの悲運から教育の国際基準化の波まで」関啓子・太田美幸編『ヨーロッパ近代教育の葛藤：地球社会の求める教育システムへ』東信堂、1─22ページ、2009年。

曽我雅比児『教育の意義と本質：教育とは何か』曽我雅比児・皿田琢司編「教育と人間の探求：子どもが分かる・教育がわかる」大学教育出版、1─21ページ、2008年a。

曽我雅比児『近代公教育の制度と行政─教育権を保障するしくみ』曽我雅比児・皿田琢司編「教育と人間の探求：子どもが分かる・教育がわかる」大学教育出版、192─219ページ、2008年b。

千葉杲弘監修、寺尾明人・永田佳之編『国際教育協力を志す人のために：平和・共生の構築へ』学文社、2004年。

鶴見和子・川田侃編『内発的発展論』東京大学出版会、1989年。

ドーア著、松居弘道訳『学歴社会　新しい文明病』岩波書店、1978年。

中内敏夫著、上野浩道・木村元・久冨善之・田中耕治編『綴方教師の誕生』中内敏夫著作集　第5巻。藤原書店、2000年。

中野光『「学校知」の成立と批判の歩み』堀尾輝久・須藤敏昭編「学校の学び・人間の学び」柏書房、

1996年。

ノディングス、ネル著、宮寺晃夫監訳『教育の哲学：ソクラテスから〈ケアリング〉まで』世界思想社、2006年。

馬場卓也編『開発途上国における民族数学を基盤としたカリキュラム構成原理の研究：動詞型カリキュラムの開発とそのケニア数学教育への適用』数学教育学論究（83）、17―24ページ、2005年。

ファノン、フランツ著、海老坂武・加藤晴久訳『黒い皮膚、白い仮面』みすず書房（元著1951年）、1969年。

フリードマン、トーマス著、伏見威蕃訳『フラット化する世界：経済の大転換と人間の未来　上・下』日本経済新聞社、2006年。

フレイレ、パウロ著、小沢有作ほか訳『被抑圧者の教育学』亜紀書房、1979年。

ベッカー、ゲーリー著、佐野陽子訳『人的資本：教育を中心とした理論的・経験的分析』東洋経済新報社、1976年。

宮本正興・松田素二編『新書アフリカ史』講談社、1997年。

室井義雄『製造業の発展と停滞』北川勝彦・高橋基樹編「アフリカ経済論」、117―144ページ、ミネルヴァ書房、2004年。

メドウズ、ドネラH.ほか著、大来佐武郎監訳『成長の限界：ローマ・クラブ人類の危機レポート』ダイヤモンド社、1972年。

文部省『学制百年史』帝国地方行政学会、１９７２年。

http://www.mext.go.jp/b_menu/hakusho/html/hpbz198101/index.html
柳治男『〈学級〉の歴史学：自明視された空間を疑う』講談社、２００５年。

山田肖子『アフリカのいまを知ろう』岩波書店、２００８年a。

山田肖子『南アフリカ共和国―二重経済解消に向けた政策転換と中堅技術者育成』岡田亜弥・山田肖子・吉田和浩編「産業スキルディベロプメント：グローバル化と途上国の人材育成」日本評論社、２００８年b。

山田肖子『EFA推進の国際的、国内的動機と学校、家庭へのインパクト：エチオピアの事例』小川啓一・北村友人・西村幹子編「国際教育開発の再検討：途上国の基礎教育普及に向けて」東信堂。１０８―１３６、２００８年c。

山田肖子『ガーナの後期中等教育にかかる家計支出―目に見える支出と見えない支出』「国際開発研究」16巻1号、1―19。国際開発学会、２００７年。

山田肖子『「伝統」と文化創造―植民地ガーナのアチモタ学校における人格教育』「アフリカ研究」第67号、21―40。日本アフリカ学会、２００５年。

山田肖子『アフリカにおける内発的な教育理念と外生的カリキュラムの適応に関する課題』「国際教育協力論集」第7巻第2号、1―13ページ掲載、２００４年。

米村明夫編『世界の教育開発：教育発展の社会科学的研究』明石書店、２００３年。

リッツァー、ジョージ著、正岡寛司訳『マクドナルド化する社会』早稲田大学出版、1999年。
ルソー、ジャンジャック著、今野一雄訳『エミール（上・中・下）』岩波書店（元著1762年）、1962—64年。

Addae-Mensah, Ivan. (2000) *Education in Ghana: A Tool for Social Mobility or Social Stratification?* (Accra, Ghana, Institute for Scientific and Technological Information).

Arnove, Robert (1986). *Education and Revolution in Nicaragua.* Santa Barbara : Praeger Publishers.

Arnove, Robert (1980). "Comparative Education and World-System Analysis." *Comparative Education Review*, February 1980.

Ashton, David, Francis Green, Donna James, and Johnny Sung (1999). *Education and Training for Development in East Asia: The political economy of skill formation in East Asian newly industrialized economies.* London: Routledge.

Baker, David P. and Gerald K. LeTendre (2005). *National Differences, Global Similarities: World Culture and the Future of Schooling.* Stanford: Stanford University Press.

Bourdieu, P. (1974). The School as a Conservative Force. In J. Eggleston (Ed.), *Contemporary Research in the Sociology of Education*, London: Methuen.

Bowles, Samuel and Herbert Gintis (1975). The Problem with Human Capital Theory – A Marxian Critique. *The American Economic Review*, 65(2), pp. 74-82.

Carnoy, Martin and Joel Samoff (1990). *Education and Social Transition in the Third World.* Princeton: Princeton University Press.

Davin, A. (1996). *Growing Up Poor: Home, School and Street in London 1870-1914.* London: Rivers Oram Press.

Fagerlind, Laurence and Ingemar Saha (1983). *Education and National Development: A Comparative Perspective.* New York: Pergamon.

Fleishce, Brahm David (1995). *The Teachers College Club: American Educational Discourse and the Origins of Bantu Education in South Africa, 1914-1951.* Ph.D. Dissertation, Columbia University.

Fluitman, Fred (1992). *Traditional Apprenticeship in West Africa: Recent Evidence and Policy Options.* Discussion Paper No. 34 Geneva: ILO.

Foster, Phillip (1965). The Vocational School Fallacy in Development Planning. in Anderson, C.A. and Bowman, M.J. (eds), *Education and Economic Development.* Chicago: Aldine Publishing Company, pp. 142-166.

Haley, Alex (1998). "Black history, oral history and genealogy." Robert Perks (ed), *The Oral History Reader.* London: Routledge.

Hashim, Iman (2005). *Exploring the Inter-linkages between Children's Independent Migration and Education in Ghana.* Unpublished manuscript. Brighton, U.K.

Hindson, Colin E. (1992). "Education and Developing countries: A Framework for Analysis," in Burns, Robin J. and Anthony R. Welch (eds), *Contemporary* Perspectives in Comparative Education. New York: Garland Publisher.

ILO (2007). *Global Employment Trends Brief, January 2007.* ILO.

Jones, P. W. (1992). *World Bank Financing of Education: Lending, Learning and Development.* New York: Routledge.

Kamibeppu, Takao (2002). *History of Japanese Policies in Education Aid to Developing countries, 1950s-1990s: The Role of the Subgovernmental Processes.* New York: Routledge.

Lambert, Sylvie and David Sahn (2005). "Incidence of Public Spending in the Health and Education Sectors in Tanzania" in Morrisson, Christian (ed), *Education and Health Expenditure and Poverty Reduction in East Africa.* Unpublished manuscript.

Lancaster, J. (1805). Improvement in Education. Reprinted in 1973. New York : Augustus M. Kelly Publishers.

Lulat, Y, G-M. *A History of African Higher Education from Antiquity to the present.* Westport, CT: Praeger Publishers.

Memmi, Albert (1965). *The Colonizer and the Colonized.* Boston: Beacon Press.

Ministry of Education, the Federal Democratic Republic of Ethiopia. (2005) *Education statistics annual abstract 2004/5*, Education Management Information Systems, Ministry of Education. Addis Ababa: Government of Ethiopia.

Ministry of Education, the Federal Democratic Republic of Ethiopia (2004). *Education statistics annual abstract 2002/3*, Education Management Information Systems, Ministry of Education. Addis Ababa: Government of Ethiopia.

Ministry of Education and Sports, Republic of Ghana (2005). Preliminary Education Sector Performance Report 2005. Accra: Republic of Ghana.

Mulenga, Derek C. (2001). Mwalimu Julius Nyerere: a critical review of his contributions to adult education and postcolonialism. *International Journal of Lifelong Education*, 20(6), pp. 446-470.

OECD (2007). *Development Aid at a Glance 2006*. Paris: OECD.

Orr, Robert M. (1990). *The Emergence of Japan's Foreign Aid Power*. New York: Columbia University Press.

Prout, A. (Ed) (1997). *Constructing and reconstructing childhood: Contemporary issues in the sociological study of childhood."* London: Falmer Press.

Psacharopoulos, G. (1988). "Curriculum Diversification, Cognitive Achievement and Economic Performance: Evidence from Tanzania and Columbia." In Lauglo, Jon and KJevin Lillis (Eds), *Vocationalizing Education: An International Perspective*. Oxford: Pergamon Press.

Psacharopoulos, G. (1985). "Return to Education: A Further International Update and Implications" *The Journal of Human Resources.* Vol. 20, No. 4, pp. 583-604.

Ranger, T. (1983). *The Invention of Tradition in Colonial Africa.* Cambridge: Cambridge University Press.

Rix, Alan (1980). *Japan's Foreign Aid Challenge: Policy Reform and Aid Leadership.* London: Routledge.

Rubinstein, D. (1969). *School Attendance in London, 1870-1904: A Social History.* Hull, England: Hull Publishers Ltd.

Sawamura, Nobuhide (2004). *Japan's Philosophy of Self-Help Efforts in International Development Cooperation: Does it work in Africa?* Journal of International Cooperation in Education, Vol. 7, No. 1, pp. 27-40. Hiroshima University.

So, Alvin (1990). *Social Change and Development: Modernization, Dependency, and World-System Theories.* London: Sage publication, Inc.

Suzuki, Shin'ichi (2009). *Photographs of Tenno: Aspects of School Worship in Japan – Ceremonial education in japanese schools before 1945.* Unpublished manuscript.

Tedla, E. (1995). Sankofa: African Thought and Education. New York: Peter Lang.

Thompson, E. P. (1963). *The Making of the English Working Class.* New York: Vintage Books.

UNCTAD (2006). *Trade and Development Report 2006.* Geneva: UNCTAD.

UNDP (2004). *Human Development Report 2004.* New York: UNDP.

UNESCO (2006). *EFA global monitoring report 2006.* Paris: UNESCO Publishing.

Wang, Jessica Ching-Sze (2007). *John Dewey in China: To teach and to learn.* Albany: State University of New York Press.

World Bank (2004) *Education in Ethiopia: strengthening the foundation for sustainable progress*, Washington, D.C. : World Bank.

World Bank. (2002). Kenya : Strengthening the Foundation of Education and Training in Kenya. Washington, D.C. : World Bank.

World Bank. (1995). *Priorities and strategies for education.* Washington, D.C.: World Bank.

WTO (2006). *World Trade Report 2006.* Geneva : WTO.

Yamada, Shoko (2009). " 'Traditions' and Cultural Production: Character Training at the Achimota School in Colonial Ghana". *History of Education.* Vol. 38, No.1: 29-59. Taylor and Francis.

Yamada, Shoko (2008). "Educational Borrowing as Negotiation: Reexamining the influence of American black industrial education model on British colonial education in Africa". *Comparative Education* Vol.44, No 1, 21-37. Taylor and Francis.

Yamada, Shoko (2005). "Educational Finance and Poverty Reduction: The cases of Tanzania, Kenya, and Ethiopia." GRIPS Development Forum Discussion Paper Series, No. 9.

《著者紹介》

山田肖子（やまだ・しょうこ）

1968年生まれ。

早稲田大学法学部卒業後，コーネル大学修士課程，インディアナ大学博士課程修了（Ph. D）。民間財団，国際開発コンサルタント，広島大学，政策研究大学院大学を経て，現在，名古屋大学大学院国際開発研究科・准教授。

専門は，比較国際教育学，アフリカ研究。

主要著書

『産業スキルディベロプメント：グローバル化と途上国の人材育成』（共編著）日本評論社，2008年。

『アフリカのいまを知ろう』（編著）岩波書店，2008年。

『国際教育開発論』（共著）有斐閣，2005年。

Education for All: Global promises, national challenges（共著）Elsevier Science Ltd., 2007.

The local meanings of educating all and the process of adopting EFA development goals in Kenya, Tanzania, and Ethiopia（編著）政策研究大学院大学，2007年。


（検印省略）

2009年11月20日　初版発行　　略称－国際協力学校

国際協力と学校
―アフリカにおけるまなびの現場―

著　者　山　田　肖　子
発行者　塚　田　尚　寛

発行所　東京都豊島区池袋3－14－4　株式会社　創　成　社
電　話 03（3971）6552　F A X 03（3971）6919
出版部 03（5275）9990　振　替 00150-9-191261
http://www.books-sosei.com

定価はカバーに表示してあります。

ISBN978-4-7944-5040-1 C0236
Printed in Japan
組版：でーた工房　印刷：平河工業社
製本：宮製本所
落丁・乱丁本はお取り替えいたします。

創成社新書・国際協力シリーズ刊行にあたって

グローバリゼーションが急速に進む中で、日本をはじめとする多くの先進国において、市民が国内情勢の変化に伴って内向きの思考・行動に傾く状況が起こっている。地球規模の環境問題や貧困とテロの問題などグローバルな課題を一つ一つ解決しなければ私たち人類の未来がないことはわかっていながら、一人ひとりの私たちにとってなにをすればいいか考えることは容易ではない。情報化社会とは言われているが、わが国では、世界で、とくに開発途上国で実際に何が起こっているのか、どのような取り組みがなされているのかについて知る機会も情報も少ないままである。

私たち「国際協力シリーズ」の筆者たちはこのような背景を共有の理解とし、このシリーズを企画した。すでに多くの類書がある中で、私たちのシリーズは、著者たちが国際協力の実務と研究の両方を経験しており、現場の生の様子をお伝えするとともに、それらの事象を客観的に説明することにも心がけていることに特色がある。シリーズに収められた一冊一冊は国際協力の多様な側面を、その地域別特色、協力の手法、課題などからひとつをとりあげて話題を提供している。また、国際協力を、決して、私たちから遠い国に住む人々のためだけの利他的活動だとは理解せずに、国際協力が著者自身を含めた日本の市民にとって大きな意味を持つことを、個人史の紹介を含めて執筆者たちと読者との共有を目指している。

本書を手にとって下さったかたがたが、本シリーズとの出会いをきっかけに、国内外における国際協力や地域における生活の質の向上につながる活動に参加したり、さらに専門的な学びに導かれたりすれば筆者たちにとって望外の喜びである。

国際協力シリーズ執筆者を代表して
西川芳昭